DE LA DESTINÉE

ET

DU DROIT DES PEUPLES.

GOURNAY-EN-BRAY. — IMP. LETAILLEUR-ANDRIEUX.

DE LA DESTINÉE

ET

DU DROIT DES PEUPLES

AVEC

une Lettre á M. Lamartine

PAR L'ABBÉ AG. SABATIER.

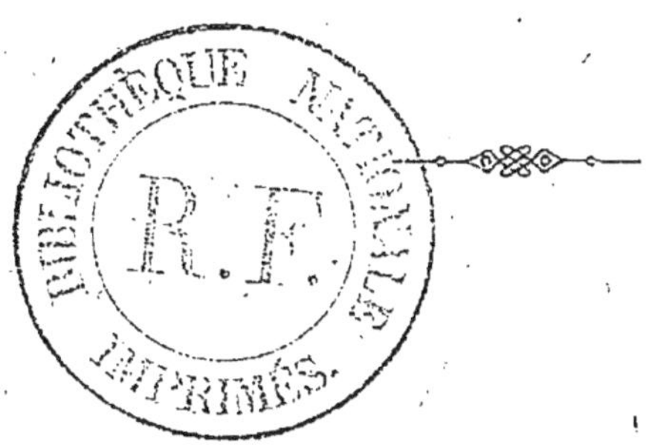

PARIS

AU COMPTOIR DES IMPRIMEURS-UNIS

Comon et Cie

15, quai Malaquais.

1848.

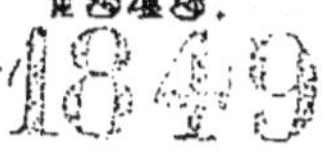

A M. LAMARTINE

MINISTRE DES AFFAIRES ÉTRANGÈRES,

Membre du Gouvernement provisoire.

Monsieur,

Enfant du peuple, mon cœur a tressailli de joie en présence de la victoire de mes frères.

La liberté a vaincu l'esclavage, l'égalité le privilège, la fraternité l'égoïsme.

Jamais le droit n'a rencontré un plus éclatant triomphe, jamais les passions généreuses n'ont supplanté avec tant de bonheur, les tendances rétrogrades d'un pouvoir oublieux de son origine.

Gloire à Dieu, qui en quelques heures a brisé les fers du captif, rendu à l'exilé une patrie, au faible la force, au déshérité de la grande famille, le patrimoine qui lui était dû !

Mais aussi, gloire aux hommes d'énergie et d'iniative, qui au moment de la tempête, du bruit des vagues irritées, ont saisi d'une main forte le gouvernail du vaisseau qui allait disparaître dans l'abîme des mers !

A bien des titres, Monsieur, votre nom était immortel, cependant une nouvelle gloire vous attendait. Il ne suffisait point à la glorieuse nation de France d'avoir vécu de votre vie, pensé de vos pensées; il ne vous suffisait point d'avoir inoculé à toute cette génération, la poésie, l'amour de la gloire et de la patrie, l'exaltation du sentiment religieux, l'admiration de tout ce qui est noble, vrai et beau, de l'avoir conduite au berceau du christianisme pour retremper son cœur à la source de toute fraternité; d'avoir raconté dans un langage sublime les nombreuses péripéties de notre grande révolution; vous avez voulu joindre l'action à la parole, l'exemple au précepte, montrer à tous la réalisation des plans que vous avez conçus pour le bonheur de tous.

Gloire à vous, Monsieur! la France, l'Europe, le monde entier vous regardent et sont dans l'attente, une ineffable espérance fait battre tous les cœurs.

Vous aurez pour récompense les bénédictions du ciel, la sympathie des peuples, l'affection de tout ce qui, sur le sol de la patrie, porte dans sa poitrine un cœur sensible aux intérêts du pays.

Vous êtes l'ami, le père de tous ceux qui travaillent et qui souffrent, c'est pourquoi, moi leur frère, j'ose vous offrir ce petit écrit dont le seul but est d'alléger leurs peines, en leur montrant un meilleur avenir.

Il était sous presse, au moment où s'accomplissait cette nouvelle révolution dont vous dirigez les glorieuses destinées.

On y verra combien étaient présents à nos yeux,

combien étaient inévitables ces évènements, qui paraissent encore comme un rêve, tant ils ont été subits, puissants, et je dirai, pleins de miséricorde.

J'ai dû en poursuivre la publication, parce qu'il n'a rien perdu de son actualité, et que je le crois utile au peuple auquel il rappelle sa destinée, son droit, son devoir. Le peuple n'est point anarchique, comme le disent tous les despotes pour affermir leur despotisme: s'il aime à entendre parler de ses droits, il n'aime pas moins à entendre parler de ses devoirs.

Il prête l'oreille à ceux qui lui parlent en amis. Il sait qu'il n'y a de vie pour lui, que dans la connaissance du droit, et dans la pratique du devoir.

C'est à concilier ces deux points qu'il doit s'attacher; c'est dans cette voie que vous le conduisez, Monsieur, et que doivent le conduire ceux qui ont à cœur d'améliorer son sort.

Comme le Christ, le peuple est ressuscité; il est sorti vivant du tombeau où il a dormi d'un sommeil séculaire ; comme le Christ, désormais il ne meurt plus.

SALUT ET FRATERNITÉ.

L'abbé Ag. SABATIER.

Villers-sur-Auchy, le 25 mars 1848.

Plusieurs nous blâmeront d'avoir publié cet écrit, mais
ceux-là ne sont pas les amis du peuple , et ils ne peuvent être
satisfaits de voir saper les fondements de leur despotisme.

Le peuple et ceux qui l'aiment y verront un témoignage,
bien faible sans doute, mais sincère et désintéressé, de notre
affection et de notre dévouement.

Il vaut mieux souffrir avec les pauvres, que partager la joie
de leurs oppresseurs.

Faire connaître au peuple quelques-uns de ses droits et de
ses devoirs, pour alléger ses souffrances et sécher ses larmes,
nous n'avons point d'autre but.

O peuple, prends et lis: n'accuse point notre intention,
mais seulement notre faiblesse.

I

Quand le voyageur ami de la sagesse, erre au
milieu des antiques débris de Rome, d'Athènes, de
Jérusalem, de Babylone ou de Memphis, au souvenir
du passé glorieux de ces cités détruites, en présence
du peu qu'ont épargné la fureur des hommes et
les éléments destructeurs, pourra-t-il maîtriser l'é-
motion de son cœur? A quoi se réduit la splendeur
des villes de Romulus, de Cécrops, de David, des
Chaldéens et des vieux Pharaons?

A quelques colonnes mutilées, à quelques pans de
murailles, vains remparts qui n'ont rien défendu, à
des monuments à demi-renversés et qui montrent
toute la vanité des espérances humaines.

Mais, est-ce donc là tout ce qui reste de tant de
peuples qui ont fait trembler le monde au bruit de
leur marche triomphante?

Est-ce là tout ce qui reste de tant de guerriers et de sages?

Est-ce là tout ce qui reste de ces divins génies, qui ont répandu sur les nations le doux éclat d'une bienfaisante lumière?

Gardons-nous de le croire.

Chaque peuple a reçu de Dieu une mission sublime; un germe précieux a été déposé dans son sein pour qu'il le fécondât.

Il traverse l'enfance, la jeunesse et l'âge mûr; il arrive à la décrépitude et à la mort; et cependant, ce qui paraît impliquer dans les termes, chaque peuple a une destinée éternelle : les phases diverses auxquelles il est assujéti, ne servent qu'à développer et vivifier le principe immortel qu'il contient.

C'est ainsi que l'être mystérieux qui reçoit le juste tribut de notre adoration, a revêtu notre âme d'organes matériels qui l'aident à accomplir sa destinée terrestre. Quand ceux-ci ont rempli leur tâche, les éléments qui les-composent retournent au sein de la nature où une nouvelle combinaison, un nouveau travail leur seront assignés; pour-elle, elle est arrivée à un degré supérieur d'existence.

Tout peuple, outre la vie extérieure et matérielle, en possède une autre essentiellement intérieure et morale. La première disparaît, la seconde survit à tous les naufrages; un peuple peut s'éteindre, l'esprit vivifiant qui l'anime ne s'éteint point avec lui. Quand usé de vieillesse il est près de descendre dans la tombe, sa vie intellectuelle semble affaissée et périr avec lui ; il n'en est rien pourtant : dégagée de ses liens, elle passe à une condition meilleure.

En même temps qu'il termine sa destinée visible icibas, de lui-même il naît un autre peuple qui, en reçoit et va développer tout ce qu'il avait de principes féconds, ou plutôt c'est le même peuple qui par de continuelles transformations, reparaît toujours sous des modes de plus en plus parfaits. Ainsi un artisan laborieux et habile, laisse à ses enfants sa propre science et de nombreuses découvertes, qu'ils perfectionneront eux-mêmes et transmettront à leur postérité ; son esprit vivra dans chacun d'eux jusqu'au dernier anneau de sa race.

Cette vérité n'a point toujours été aperçue, pour des causes diverses au nombre desquelles il faut placer en première ligne l'orgueil et l'ignorance qui produisent la petitesse des vues.

Notre siècle compte un grand nombre d'hommes qui affectent un dédaigneux mépris pour le passé : ils croient faire beaucoup pour la gloire de leur époque, en dépréciant une époque qui n'est plus ; semblables à ces esprits étroits qui s'imaginent qu'on leur enlève les éloges que l'on donne aux autres.

Ne pourrait-on point leur dire ? « Qu'avez-vous
» que vous n'ayez reçu des âges qui vous ont précé-
» dés ? Dressez le bilan de ce que vous ont légué vos
» pères, et de ce qui est véritablement votre œuvre,
» et vous verrez combien est mince la part qui vous
» revient ; encore, cette part elle-même, tout exigüe
» qu'elle est, vous ne l'auriez point, si le passé ne

» vous l'avait préparée, et ne vous avait fourni pour
» l'acquérir les moyens nécessaires. Pourquoi donc
» vous glorifiez-vous comme si vous n'en aviez rien
» reçu? »

Au lieu de vous rendre coupables de la plus noire
ingratitude, méditez plutôt sur la cendre des peuples
détruits, instruisez-vous au flambeau de leur civilisation; comparez entr'eux les âges divers; alors, à
l'indifférence, au mépris peut-être, succédera la plus
vive gratitude pour ceux qui ont paru avant vous sur
la scène du monde; vous les regarderez comme vos
pères, et ils le sont, car ils vous ont laissé un glorieux
héritage. Le mépris du passé et de ses graves enseigne-
ments, est le signe infaillible d'une âme vulgaire;
comme l'amour et la recherche de ce qui n'est plus
pour éclairer et perfectionner ce qui est, annoncent
une âme noble et généreuse.

La ressemblance entre diverses époques a été quelquefois tellement frappante, qu'elle n'a échappé à personne. Il fût des temps où son évidence fit rapprocher
et confondre des siècles séparés par de longs inter-
valles, au point que l'on donna aux derniers des noms
analogues à ceux dont ils n'étaient que le lointain
écho : c'est ainsi que cet âge poli, où les lettres en
France ont paru sous une forme élégante et correcte,
fit revivre les siècles d'Auguste et de Périclès.

Ce n'est là qu'un fait que je détache d'une grande
série de manifestations : le même phénomène, quoique rarement aperçu et compris, se renouvelle sans
cesse, par rapport aux arts, aux lois et aux mœurs.

Cet ordre est tellement rigoureux, qu'on le découvre même dans l'œuvre mystérieux de la rédemption humaine, quoiqu'en cette région inaccessible, Dieu nous ait caché tant de choses.

Sans doute, la vérité ne relève ni du temps ni des hommes; dans un sens absolu, elle ne diffère jamais d'elle-même; si elle semble en différer, si elle paraît plus ou moins éclatante, ce n'est que relativement à nous: c'est qu'entre elle et nous se sont placés des obstacles qui dans leur inconstante mobilité nous la présentent sous des aspects divers.

Malgré les alternatives du chaud et du froid, de la lumière et des ténèbres, le soleil n'en conserve pas moins toute la pureté et tout l'éclat de ses rayons. Le ciel est-il pur? nous le voyons dans toute sa magnificence. Que de la terre s'exhalent d'humides vapeurs, son disque se ternit et se voile, et sa douce chaleur arrive à peine jusqu'à nous.

La vie religieuse dans le monde, a eu deux ères principales, unies ensemble et pourtant tout-à-fait distinctes: la première se termine au Christ, qui est le divin fondateur de la seconde; tout ce que l'une a de vérité, elle le transmet à l'autre; quelque faible qu'il soit, aucun fragment de ce qui a vie n'est perdu.

Ces deux ères sont représentées par deux grands peuples: devant le peuple de Moïse, tous les peuples s'inclinent, et le peuple de Moïse s'incline lui-même devant le peuple du Christ.

Tandis que le paganisme disputait sur les noms, les qualités et le nombre de ses divinités imaginaires,

la nation Juive reconnaissait et adorait le Dieu unique
et créateur du ciel et de la terre; bientôt sa mission
est remplie; ce qu'elle connaissait de la vérité per-
siste : une autre nation, la nation chrétienne, la reçoit,
et y ajoute la lumière nouvelle que lui met entre les
mains le fils de Marie. Un peuple se détruit, mais de
ses ruines, il en sort un autre plus parfait, une ma-
nifestation plus grande de la vérité.

Un nouveau peuple ne succédera point au peuple
chrétien de la même manière que le peuple chrétien
a succédé au peuple Juif. Le libérateur étant venu, il
n'y aura point de pareilles secousses; mais les empires
seront ébranlés.

Tout nous démontre qu'une grande transformation
s'opérera dans le monde, et que l'homme s'appro-
chera de plus en plus du père céleste, en imitant son
modèle qui est le Christ.

Ce langage étonnera sans doute les gens habitués à se laisser séduire par de trompeuses appa-
rences, et qui croient que tous les hommes ressem-
blent à ceux qui les entourent; pour eux, ce qui s'a-
gite au-delà de leur horizon, ressemble en tout point
à ce qui se passe dans le cercle étroit qu'ils n'ont
jamais dépassé. S'il leur était donné d'envelopper dans
un vaste coup d'œil le travail incessant de la vérité
aux régions les plus opposées du globe; de voir au
travers de cette rude écorce qui cache tout ici-bas, de
saisir les entretiens secrets d'une foule d'âmes sans
cesse en rapport avec le ciel, de distinguer dans celles
qui paraissent indifférentes, ou exclusivement préoc-

cupées des choses de la terre, tout ce qu'il y a encore de sentiments généreux et chrétiens; ils verraient que nous marchons vers un avenir meilleur : en même temps, ils éviteraient des déclamations vagues et surannées, et goûteraient ce que le présent nous offre de bien et de réelle félicité.

Il y a de nos jours un grand nombre de pessimistes, qui jettent sur tout ce qui les environne le poison de leur noire mélancolie; semblables à ces vieillards chagrins qui ne cessent de louer un temps qui n'est plus, que parce qu'ils ne peuvent plus user de tous les avantages de cette vie, ils s'imaginent qu'autour d'eux tout a changé; les hommes sont plus pervers, les saisons plus fàcheuses : la jeunesse est insoumise et la nature irritée. La vérité de tout cela, la voici: rien n'a changé, si ce n'est eux.

Si encore le mal se bornait là, si les hommes mécontents ou blasés ne nuisaient qu'à eux-mêmes, on pourrait leur permettre de se torturer pour leur plus grand plaisir; mais ils exercent autour d'eux la plus fàcheuse influence. Avec une pareille doctrine, ils insinuent dans les âmes un découragement pernicieux, et la vie devient un fardeau trop lourd que l'on se hâte de déposer.

Où l'espérance est-elle plus naturelle et plus nécessaire qu'au cœur du jeune homme à l'entrée de la vie? Eh bien! on la lui enlève; on tarit cette source de bonheur; on lui dit que tous les hommes sont méchants : que l'égoïsme, la cupidité et mille passions désordonnées sont le mobile des actions en apparence les plus vertueuses; et la douce joie disparaît de leur figure; on n'y voit plus cette franche gaîté, indice certain d'une âme heureuse et confiante; le soupçon accompagne et caractérise toutes leurs démarches; au lieu de candides adolescents, vous ne rencontrez plus que de jeunes vieillards. Que voulez-vous? on a suspendu sur leur tête l'épée de Damoclès, est-il possible qu'ils s'asseoient sans crainte au banquet de la vie?

C'est un bien triste spectacle que celui qui est offert par l'enfant qui vient de naître : ce roi de la terre est doué de sens et d'organes, et à cause de sa faiblesse, il ne peut en faire aucun usage. Il paraît fatalement destiné à la douleur et à la misère.

Ainsi en est-il de tout peuple dont l'existence est récente : l'ignorance, la faiblesse et la servitude, voilà le triste apanage qu'il apporte avec lui.

L'ignorance est la source de tous ses malheurs ; elle lui voile la face des plus importantes vérités ; elle le courbe sous le joug des plus honteuses superstitions; elle le rend étranger au ciel et à la terre, à ses droits et à ses devoirs, aux autres et à lui-même. Un peuple ignorant est nécessairement un peuple faible.

Cependant, quelque grande que soit sa faiblesse, il faut qu'il vive. C'est le premier besoin qu'il éprouve ; mais n'ayant point en lui-même les ressources nécessaires pour entretenir et défendre sa vie, que fera-t-il? Il a vu la plante sortir de terre pour demander au soleil un rayon de sa clarté; le lierre se cramponner au rocher de la montagne ou au chêne des forêts; l'enfant s'incliner vers le sein de sa mère; et il a pensé qu'il trouverait aussi un flambeau salutaire pour dissiper ses ténèbres, une force pour soutenir son impuissance. Alors, par un instinct naturel de conservation, il s'est penché vers le puissant et s'en est remis à lui du soin de l'instruire et de le protéger.

Telle est l'origine de sa tutelle, tel est le but qu'il s'est proposé. Ce but, pouvons nous dire qu'il a été atteint? Le peuple a-t-il été aidé dans le développement de sa vie morale et de sa vie matérielle? A-t-on veillé sur son enfance, à l'exemple d'un sage précepteur qui cherche à saisir dans son élève les premiers mouvements d'une âme immortelle pour la former à la vertu?

Loin de là : il a été gêné en tous sens par les liens dont on l'a garotté, sous prétexte de le mettre hors d'état de se nuire à lui-même.

Au lieu d'une tendre nourrice qui lui donnât le plus pur de sa substance pour augmenter sa vigueur, d'un père indulgent qui l'initiât avec bonté aux pratiques de la vie, il n'eût le plus souvent qu'un maître sans entrailles, qui se plaisait à augmenter ses peines.

Basée sur l'impitoyable et absurde principe que sa nature ne souffrait aucun développement, la tyrannie fit d'inconcevables efforts pour anéantir en lui tout sentiment de liberté. D'un œil défiant, elle observa les signes les moins visibles de son activité propre pour refouler au dedans de lui-même, et détruire, s'il était possible, tout ce qu'il avait d'énergie et de spontanéité. Quoiqu'il fut réservé à de hautes et nobles destinées, elle voulût rendre son enfance éternelle, et lui appliqua dans toute son étendue cette dure parole : « Tant que l'héritier est encore enfant, » il ne diffère point de l'esclave : on ne doit point » considérer qu'il est le maître de tout. »

Des bruits confus de science et de liberté sont venus frapper l'oreille du despote, et son sommeil a été troublé par d'étranges visions. Il lui a semblé que son trône allait s'écrouler, son royaume se dissoudre ; aussitôt, il a environné ses états d'un triple rempart, afin qu'aucun souffle généreux ne vint du dehors inspirer le cœur de ses malheureux sujets. Tout travail de l'intelligence, il l'a arrêté : les plus nobles facultés de l'homme, il les a enveloppées comme dans un linceuil de mort. On parle de certaines contrées, où il est défendu au peuple d'avoir des écoles pour apprendre les choses les plus indispensables à la vie. Quand on a fait de l'homme un être semblable à la brute, on l'exploite aussi facilement qu'elle. Quand on a tué la pensée, on est maître du corps.

III

Il y a quelques années, au fond de la vieille Armorique, vers le déclin du jour, quelques indigents étaient assis sur une verte prairie, et là ils prenaient en commun le repas du soir.

Il y avait parmi eux un vieillard qui mangeait le pain du pauvre avec un bonheur si expressif, que ses compagnons d'infortune admiraient une si grande résignation aux décrets de la providence.

Le vieillard s'en aperçut et leur parla ainsi :

Amis qui partagez mon dénûment, avez vous jamais compris combien facilement notre raison est le jouet de déplorables erreurs? Nous voyons tout ici-bas sous des dehors qui nous trompent. Là où nous croyons trouver la félicité, nous en trouvons à peine une ombre insaisissable.

Notre malheur consiste à comparer notre état avec un état plus prospère, et notre bonheur à regarder au-dessous de notre condition. Nous nous estimons heureux, quand nous en voyons tant qui le sont moins.

Abaissez d'un degré le roi, l'homme opulent, et leur cœur sera brisé de douleur. Élevez celui qui est abaissé, et cela, si peu que vous voudrez, et la joie entrera dans sa demeure.

Vous vous étonnez que je vous tienne un pareil langage! Y a-t-il donc au-dessous de notre misère, au-dessous de notre souffrance, une plus grande misère, une plus grande souffrance?

Mes amis, voyez-vous ce ciel si pur, ce soleil qui va quitter la terre après l'avoir réjouie de ses tièdes rayons? Voyez-vous cette riche prairie que la providence a étendue pour nous servir de tapis et de table? Voyez-vous ce ruisseau dont les eaux limpides rafraîchissent le pain qu'une main charitable nous a donné en l'accompagnant de ses bénédictions? Est-ce que tout cela n'est point à nous? N'en jouissons-nous pas autant et plus peut-être que ceux dont vous enviez les plaisirs et les richesses? Oh! il y a sur la terre de plus grandes infortunes que les nôtres. Nous ne pouvons plus travailler, mais nos frères ont pitié de nos maux : ils nous donnent une nourriture qui suffit à nos faibles besoins.

Il y a des infortunes plus grandes que les nôtres : ces infortunes lamentables, j'en ai été le témoin et la victime.

Lorsque notre pays se secoua, s'ébranla jusque dans ses fondements pour enfanter la liberté, il eût contre des peuples jaloux des luttes violentes à soutenir. De tous côtés, le despotisme chancela comme un homme ivre. Je fis partie de ces valeureux soldats qui combattirent sous le plus grand des héros pour maintenir les droits de la patrie; après d'innombrables victoires, l'étoile de la France pâlit; elle tomba, non sous la force réunie des tyrans coalisés, mais par la honteuse apostasie de quelques-uns de ses enfants, qui, au lieu de lui prêter le secours de leurs bras, tournèrent contre elle un fer parricide.

Je tombai entre les mains du plus barbare de nos ennemis. Aujourd'hui, j'en rends grace à la providence, car j'ai appris à apprécier le bienfait de la liberté.

Les mains enchaînées, je parcourus la vaste étendue de son empire, et là je vis des douleurs qui ne peuvent être racontées dans aucune langue.

Chaque soir, après les fatigues du jour, on m'enfermait dans un obscur cachot avec des malheureux qui comme moi allaient gémir loin de la patrie.

On nous donnait une nourriture à peine suffisante pour nous empêcher de mourir.

Le lendemain, on nous faisait partir, et le soir nous trouvions encore un cachot; car dans ce pays, il y en a partout.

Là, les hommes sont divisés en deux classes, dont l'une est sans cesse occupée à tourmenter l'autre pour le bon plaisir d'un chef que l'on nomme Czar, et qu'il faudrait appeler tigre ou panthère, à défaut de trouver un nom capable d'exprimer sa férocité.

Mes forces étaient entièrement épuisées, quand j'arrivai au séjour de l'exil. C'était un royaume de neiges et de glaçons éternels. Le soleil y laisse à peine arriver quelqu'oblique rayon. Point de verdure qui repose la vue; point de fleur, point d'oiseau qui invite à l'oubli des maux. La mort seule y domine et règne en maîtresse sur cette froide contrée.

Je pensais que bientôt avec ma vie allaient finir mes douleurs; mais Dieu me réservait à de plus grandes épreuves: Il voulait me montrer jusqu'où peut aller la fureur de l'homme contre l'homme.

Mêlé aux infortunées victimes des rancunes impériales, je partageai leur triste destinée.

Le jour, nous étions assujétis aux plus rudes travaux, et la nuit on nous jetait comme de vils animaux dans d'immondes réduits. Quand nous tombions, harassés, haletants, n'en pouvant plus, on réveillait en nous le sentiment de la vie par les douleurs les plus cuisantes; on arrosait de notre sang les sillons que nous venions de tracer. A chaque instant nous voyions grossir le nombre des enfants de la servitude.

C'étaient de jeunes guerriers qui avaient combattu pour défendre leur patrie.

C'étaient des vieillards qui avaient voulu, avant de mourir, prononcer quelques mots de liberté.

C'était une mère qui avait arrosé de ses larmes et

pressé sur son cœur une lettre d'éternel adieu que son fils unique lui avait écrite de la terre d'exil.

C'était un homme de dévouement qui avait consacré ses veilles et toute l'activité de son âme pour arracher ses frères à l'ignorance et à l'oppression.

En un mot, c'était une multitude de tout rang, de tout sexe et de tout âge, violemment arrachée aux douceurs de la patrie et du foyer domestique, et qui venait expier sous un climat meurtrier son patriotisme et ses vertus.

Mais un jour viendra, et peut-être il n'est pas loin, où la punition atteindra le crime. Dieu est lent à frapper les coupables, mais sa justice est sûre, et personne ne peut lui échapper.

Le guerrier rentrera dans sa patrie sauvée par son bras courageux.

En descendant dans la tombe, le vieillard bénira la providence d'avoir fait descendre sur ses petit-fils un rayon de liberté.

L'enfant sera rendu à sa mère.

Le pauvre reverra son humble demeure, et dans l'effusion de la plus vive reconnaissance, il répétera mille et mille fois le nom de son bienfaiteur.

En attendant l'heure de la délivrance de nos frères, prions pour que le temps de leur épreuve soit abrégé, et ne soyons point ingrats envers Dieu, qui, après les jours d'orage, nous a montré au ciel le signe de l'espérance.

Ainsi finit le vieillard.

Ces paroles relevèrent le courage abattu de ses

compagnons d'infortune; ils comprirent que le bonheur peut trouver place même au cœur de l'homme
déshérité de la fortune, quand il jouit d'un peu de
liberté et qu'il en espère une plus grande.

IV.

Sans doute, les essais partiels de liberté que fit le
peuple à diverses époques, eurent souvent pour résultat immédiat d'aggraver sa servitude, mais il ne
faudrait pas conclure de là qu'ils furent inutiles.

Quand un fleuve vient à renverser l'obstacle qui
gênait sa course, il ne serait pas juste d'attribuer ce
résultat au dernier effort, à l'effort qu'on peut appeler
décisif; il a été précédé et il est sorti de tentatives
antérieures, ou plutôt il en complète la somme.

L'enfant, qui la première fois pose sur la terre un
pied timide, le retire bien vite pour se jeter aux bras
de sa mère; bientôt cependant, il essaie de nouveau,
peu à peu la confiance lui vient et il marche d'un pas
assuré.

Ainsi en fût-il du peuple; une incompréhensible

souffrance prenant sa source dans un continuel obstacle au libre exercice de ses facultés, voilà ce qu'il avait recueilli de son aveugle soumission aux prétentions injustes de la tyrannie. Qui doute qu'alors il n'eût un violent désir d'affranchissement?

Assurément, sa volonté ne se manifesta pas toujours par des actes. Plein de trouble et de défiance, ses premiers pas chancelèrent; mais il ne tarda pas à marcher sans crainte vers son émancipation future, et il ne cessa de puiser dans la résistance qui lui était faite une force invincible. Comme un général habile, il mesura toutes ses forces, puis se tournant du côté de son oppresseur, il vit toute la faiblesse et tout le dénûment de ce dernier. Confus que pendant tant d'années une si grande impuissance ait commandé à une si grande force, Il ne pût s'empêcher de rougir de son inaction, et il songea à effacer dans l'avenir la honte et l'opprobre du passé; alors il devint semblable à la tempête qui bouleverse le sein des mers, à la trombe qui rase les cités, au volcan, qui, comprimé long-temps au centre de la terre, se fait jour en lançant au ciel des montagnes de feu. C'est l'âge de sa jeunesse, il veut se venger de ses langes, il connaît sa force : il en use, il en abuse, la réaction est égale à la servitude.

Plus un peuple est victime des fureurs du despotisme, et plus il est appelé à revendiquer hautement et avec éclat une large liberté.

Telle est la nature des choses, attestée par l'expérience des siècles, et en particulier par l'histoire de notre nation.

Au moment où nos pères vinrent s'établir sous le ciel de la vieille Gaule, amenés par un instinct secret de leur grandeur future, personne ne peut nier qu'ils ne portassent sur le front le caractère d'une société qui est à la première période de son existence; s'étant unis pour la conquête, le lendemain de la victoire, comme le but était atteint, ils se séparèrent pour jouir individuellement du butin acquis par leur valeur et désigné par le sort à chaque guerrier; au moindre danger, ou devant l'appât de quelque proie nouvelle, les braves se serraient les uns contre les autres, mais en dehors de là, il y avait entre eux peu de rapports, peu de liens, et par conséquent peu de garanties; rien de collectif, point d'état, point de force générale, mais une multitude de forces partielles qui s'éparpillaient sur la région conquise pour l'exploiter chacune à son avantage exclusif.

Comme la force vient de l'union, il y eût là une grande faiblesse. Elle fût telle que l'existence des individus eût été gravement compromise, s'ils ne se fussent hâtés de faire le premier pas vers une société quelconque. La moindre idée d'un état régulier, si naturelle à un âge plus avancé, ne pouvait venir à l'esprit de ce peuple au berceau. Il fit tout juste le mouvement nécessaire pour sortir d'une position où l'air n'arrivait plus à sa poitrine. Rien de plus ne fût essayé : c'était la première tentative de l'impuissance. Cette ténébreuse époque dura plusieurs siècles.

Ainsi était le monde, avant que Dieu eût assigné à chaque élément, la place qui lui convenait.

Arrive un conquérant, un homme de génie, un émule d'Alexandre et de César. Il essaie de planter l'arbre vigoureux d'une puissante civilisation. Il veut transformer le monde barbare en un monde tel que l'a conçu sa profonde intelligence. Il crée des institutions qu'il croit appropriées au besoin de son peuple, mais au lieu de produire la liberté, ces institutions ont pour effet d'asseoir sur quelque chose de régulier un système de despotisme qui va grandir, jusqu'à ce qu'il tombe par l'excès même de son progrès : c'est le régime féodal avec toutes ses nuances.

Alors, la France entière était couverte d'une multitude de petits tyrans qui ne relevaient que nominativement du souverain, et qui n'avaient pour guides que des usages bizarres, leur caprice et plus souvent leurs passions.

C'était un joug bien insupportable qu'un pareil despotisme. Le peuple avait sans cesse devant les yeux, dans la personne de quelque seigneur bourru et déréglé, un maître altier et superbe, exigeant et dédaigneux, qui ne lui laissait aucun instant de repos.

Bientôt, il comprit que sans lui, sans son travail et ses sueurs, le riche serait forcé de renoncer à son opulence et à ses plaisirs. Son ignorance se dissipa tous les jours, et en même temps ses forces augmentèrent.

A son tour aussi, il voulut jouir un peu de la vie, un peu de la liberté.

Il s'adressa à ses maîtres : c'est toujours là sa première démarche. Que lui répondit-on? On serra ses fers.

Il fit entendre quelques cris, et bientôt il se résigna.

Mais cette résignation fût de courte durée ; quand on ne veut point lui rendre justice, il finit par se la rendre lui-même.

Un jour qu'il se remuait avec peine sur sa couche de douleur, il sentit qu'un sang jeune et vigoureux circulait dans ses veines, qu'une force intérieure le consumait et demandait à s'élancer hors de sa poitrine. Il lui sembla entendre du ciel une voix qui lui criait: Samson, voici les Philistins; et semblable au redoutable guerrier, il rompt ses liens. Tout ce qui arrête sa course, il le brise. Il ne fait aucune distinction entre l'innocent et le coupable. Il a été tellement opprimé par le malheur, que partout il voit des embûches qui l'attendent.

La puissance du peuple arrivé à ce point de développement est essentiellement destructive. Il faut déblayer le terrein avant de poser les fondements d'un nouvel édifice. Il veut néanmoins construire en même temps, mais comme ce qui domine en lui, c'est une force indomptable qui laisse peu de place aux sains calculs d'un jugement rassis, l'édifice qu'il veut construire se distingue par des dimensions grandes et colossales, qui n'ont point entre elles ces justes proportions, sans lesquelles il n'y a point de solidité véritable. Il croulera, mais ses ruines attesteront une prodigieuse vigueur ; il croulera, mais il laissera pour un âge plus mur de précieux matériaux qu'il n'y aura plus qu'à recueillir et mettre en œuvre.

Voilà comment il faut expliquer les excès et les fureurs de cette grande révolution qui a éclaté au sein de notre patrie, et dont le retentissement s'est fait entendre aux quatre coins de l'univers.

La cause en avait été posée plusieurs siècles à l'avance, il fallait que l'effet suivit. Plus il avait tardé à se produire, et plus il devait apporter de perturbation. Combien on a écrit sur ce mémorable événement! Mais aussi, combien on a erré, faute d'avoir remonté à sa source! Dans la chûte des privilèges et l'enfantement d'une société nouvelle, il faut voir le résultat du travail des temps antérieurs. Il faut admettre, ce qui est incontestable, que les excès proviennent de la grandeur des difficultés que la réforme la plus juste et la plus nécessaire, rencontre toujours devant elle. Essayez de franchir un précipice, et la crainte d'y tomber fera que vous irez bien au-delà du terme que vous vous proposiez d'atteindre.

Je sais que de pareilles idées ne résonnent point bien agréablement à l'oreille des tyrans de toutes couleurs que l'on rencontre encore assez communément de nos jours. Comme nous ne sommes point chargé de défendre leur cause, leur approbation et leurs murmures nous sont indifférents. Aucune puissance au monde ne nous fera taire ni rétracter ce qui est conforme à la vérité.

Il y en a qui sont tellement habitués à recevoir comme des axiômes les plus vagues déclamations, que toute tentative pour éclaircir un fait est à leurs yeux un crime, une révolte contre le ciel et contre la terre. A ceux-là nous n'avons rien à dire : ce sont des malades d'un genre particulier. Nous ne les guérirons point avec des raisonnements basés sur la nature des choses. Ce n'est point là le moyen de dissiper les nuages incertains qui flottent dans leur imagination égarée : la verge populaire se charge de cette fonction.

Mais il y a des hommes religieux et droits qui ne demandent qu'à être éclairés ; de telles paroles ne sont-elles point capables de porter le trouble dans leur âme? Amis de la vérité, mais souvent amis aveugles, ils tremblent sans cesse de la voir compromise.

Pour les rassurer, nous leur dirons que nous n'avançons rien qui de près ou de loin tende à justifier les excès et les crimes, pas plus ceux du peuple que ceux de ses oppresseurs.

En effet, est-ce vouloir les justifier, que d'en montrer l'origine et les causes puissantes?

Quand un particulier s'est rendu coupable de quelque forfait, dont la justice humaine lui demande compte, n'est-il pas utile, nécessaire même de remonter aux causes qui l'ont amené à violer l'ordre social?

Exposer qu'il a reçu de ses parents une éducation mauvaise, qu'il a été en contact avec des hommes viciés, qu'il avait un tempérament exalté, qu'il a rencontré des obstacles nombreux lorsqu'il ne demandait qu'à contenter de légitimes besoins, est-ce justifier le crime? Assurément non. Sans doute, c'est en atténuer la responsabilité, mais enfin, ce n'est pas l'absoudre : car, en dehors de ces circonstances, tout le monde en conviendra, il lui restait une part de liberté assez grande dont il pouvait user pour le bien, comme il en a usé pour le mal.

Or, pourtant dans notre pays, rien n'est plus ordinaire que de voir des gens instruits et judicieux du reste, ne faire aucun cas de ces circonstances, surtout quand il s'agit d'apprécier les tentatives du peuple pour se constituer en état libre. Ils jugent ses fautes avec une inflexible rigueur. N'ayant jamais été jusqu'à la racine de la culpabilité, ils prononcent contre lui les peines les plus extrêmes.

Ainsi prévenus, toute innovation, quelqu'appropriée qu'elle soit au développement naturel de l'homme et de la société, leur devient suspecte, si toutefois ils ne la regardent point comme un crime.

Que voulez-vous? Ils ont vu la plus étonnante révolution sociale se présenter devant eux comme un spectre sanglant, ils croient que tout changement se fait par les mêmes moyens.

Ils n'ont point aperçu dans ces évènements mémorables le passage d'un peuple à une ère nouvelle, les premiers élans d'une jeunesse dont on a voulu prolonger l'enfance.

Une convulsion n'est point un état durable, mais un fait passager comme l'éclair.

Heureusement, la race de ces hommes devient de plus en plus rare. Les uns meurent avec leurs frayeurs, leurs préjugés et leurs haines; les autres finissent par s'approcher du foyer de la civilisation et partager sa douce chaleur. Ils se rallient à tout ce qui est droit, ordre, amélioration véritable. Les questions personnelles font place à des questions d'intérêt général : c'est là un immense progrès.

Et puis, il faut le dire, parmi les ennemis des lumières, il en est tant dont les opinions arriérées s'expliquent si facilement! Hommes de privilèges, ils n'ont point assez de force pour contenir des regrets superflus.

V

Un jour, le souverain d'un vaste empire appela son
fils bien-aimé, l'héritier de son trône; il le fit asseoir à
ses côtés, et le front chargé des plus noirs soucis, il
lui adressa la parole en ces termes :

Le bonheur, ô mon fils, est un édifice bien fragile ;
le moindre souffle suffit pour le renverser. Hier encore,
j'en goûtais toute la plénitude. Je me disais : la grandeur d'aucun prince ne peut se comparer à ma grandeur. J'étends mon sceptre sur d'innombrables contrées : des milliers d'hommes pensent, vivent, agissent, comme je veux qu'ils pensent, qu'ils vivent et
qu'ils agissent. A peine le désir est-il né dans mon
cœur, qu'aussitôt il est satisfait.

Et une simple vision de la nuit a fait de mon âme
comme un champ dévasté par la tempête.

Y a t-il quelque chose de surnaturel dans les songes?
Je n'en sais rien : je suis porté à le croire. Où va
notre âme, tandis que notre corps sommeille? pour elle,
elle ne dort point : jouissant de sa libre activité, elle
parcourt le monde. Notre réveil n'est rien autre chose
que sa rentrée dans la demeure que lui a assignée la
Providence pour un temps limité. Alors, elle oublie
ce qui s'est passé pendant son mystérieux voyage, car
elle a vu des choses qu'il ne lui est point permis de ra-
conter; s'il reste en elle quelques traces à demi-effa-
cées de ce qu'elle a vu et souffert, inquiète, épou-
vantée, elle craint d'avoir surpris les redoutables secrets de l'avenir.

Prête, ô mon fils, une oreille attentive à mes paroles,
et tu verras si c'est en vain que tout mon être est saisi
d'effroi.

On était au milieu de la nuit, et la nuit était profonde.

Je fus transporté en un lieu étrange, inconnu : là,
point de ville, point d'habitation : aucun indice dé-
celant les mœurs, les habitudes ne s'offrait à moi.

Tout ce que je sais, c'est que tu étais avec moi.

L'endroit où nous étions était semblable à une
plaine dont l'obscurité m'empêcha de juger l'étendue;
une herbe longue et desséchée couvrait la terre; à
notre gauche, à demi-voilé dans les ténèbres, on aper-
cevait un petit monticule formé de rochers calcinés.

Tout-à-coup, une énorme pierre glisse avec fracas au
flanc du mont, comme une porte dont les gonds n'auraient point servi depuis long-temps, et j'en vis sortir

et s'approcher de nous, un homme, un spectre, dont les traits, dussé-je vivre mille vies, ne s'effaceront jamais de ma mémoire.

Sa figure était pâle, son regard terne et immobile; quelque chose de la tombe paraissait sur son large front desséché et ridé.

Silencieux comme la mort, il s'avance et se promène lentement autour de nous en traçant un grand cercle; en tournoyant, il décrit un cercle plus petit et puis un plus petit encore et disparaît.

O mon fils, quelle fût notre imprudence? Au lieu de rester au milieu de ces cercles, nous les avons quittés en même temps.

Nous avons franchi le premier, nous avons franchi le second, nous avons franchi le troisième.

Alors, avec un bruit semblable au premier, le spectre parût de nouveau, et j'entendis ces paroles qui me vinrent non à l'oreille, mais à l'esprit, car c'était l'esprit de l'apparition qui s'adressait à mon esprit:

J'avais tracé autour de vous trois cercles. C'étaient autant de lignes de démarcation qu'il vous était défendu de franchir; mais vous n'avez point écouté le ciel dont je suis le messager: vous n'avez pas tenu compte des avis d'en haut, vous vous êtes........

Je ne pus en saisir davantage: je ramassai toutes mes forces, je voulus te prendre dans mes bras et te transporter avec moi au milieu des cercles; mais une force puissante, inéluctable, nous attachait à la terre.

Et le spectre s'approcha de nous; et il posa sur moi une main qui répandit l'épouvante jusque dans la plus intime partie de mon être. Le contact de cette main me glaça tellement d'horreur que je m'éveillai. Je n'osais ouvrir les yeux de peur de voir autour de moi rôder le spectre épouvantable; il me semblait le voir encore, le toucher encore. Je n'osais remuer sur ma couche, de peur de le sentir à mes côtés; les paroles qu'il m'avait dites, d'un ton solennel, impitoyable, se pressaient dans mon âme comme les flots se pressent et s'amoncellent à une digue subitement élevée. Je cherchais à tout m'expliquer, je rejetais les funestes pressentiments des malheurs que cette fatale apparition me présageait, et ces pressentiments s'attachaient à mon âme, comme le vautour s'attache à une proie qu'il dévore.

J'appelais à grands cris les premiers rayons du jour pour respirer un peu et te faire part de cette terrible hallucination.

Mais, ô mon fils, as-tu fait attention au sens profond et trop vrai que ces cercles présentent à l'esprit?

Oui, il y avait un triple cercle que nous ne devions point franchir, et à toi, je puis l'avouer, c'est ce que nous n'avons point fait. D'abord, c'était celui de nos devoirs comme particuliers : aujourd'hui que nous sommes environnés de flatteurs qui décorent nos vices du beau nom de la vertu, nous croyons peut-être que nos sujets ont mis sur leurs yeux un bandeau qui les empêche de nous connaître; mais sois en bien sûr, il n'y a là que l'apparence ; le juste nous maudit, l'homme de bien nous maudit, le méchant lui-même nous maudit, parceque nous sommes plus méchants que lui.

Lorsque l'affreux spectre viendra nous enlever pour nous précipiter dans un abîme sans fond, nous ravira-t-il assez vîte, pour qu'en traversant les rues où des acclamations trompeuses ont retenti à nos oreilles, il nous soit impossible de lire sur toutes les murailles, écrits en lettres de feu, les crimes et les abominations de notre vie privée? Que de choses ensevelies dans le gouffre de l'oubli, paraîtront au grand jour! Pour cacher notre honte et notre douleur, nous dirons aux montagnes: couvrez-nous; nous voudrions être cachés dans les abîmes de la mer. Mille fois mieux eût valu pour nous naître sous la chaumière du pauvre!

Ce temps n'est pas éloigné, car les avis du ciel précèdent toujours les grands évènements.

J'ai respecté extérieurement la religion, parce qu'elle servait de frein au peuple dont la servitude était nécessaire à ma royale convoitise, mais je l'ai maudite, parce qu'elle condamnait mes iniquités.

Ce second cercle nous l'avons donc encore franchi.

Il y en avait un troisième qui devait être inviolable et sacré: celui de nos obligations envers le peuple; mais comme les deux autres, nous l'avons foulé d'un pied dédaigneux.

Crois-tu que retiré au fond de mes palais, assis à une table couverte de mets superflus, je n'entende pas tous les jours les cris du pauvre qui demande du pain? Le malheureux exténué de fatigue, et ren-

trant le soir dans sa chétive demeure, trouve une famille éplorée que le haillon recouvre, que la faim
mine sourdement. Ce pauvre, crois-tu qu'il n'ira
point trouver un autre pauvre? Ces deux infortunés
s'adjoindront d'autres infortunés : ils appelleront à
eux ceux qui ont faim, ceux qui ont soif, ceux qui
travaillent et ne voient au bout de leurs travaux
qu'une obscure prison, ceux à qui on a refusé les
droits de citoyen, ceux qui vivent dans l'état comme
ne faisant point partie de l'état, en un mot toutes les
victimes de l'injustice. En un instant, on entendra
comme la voix des grandes eaux ; une multitude immense hurlera aux portes de mon palais, et la flamme
et le feu monteront jusqu'au ciel, et le sang ruissellera
dans les rues. L'on prendra nos pauvres enfants, et
sans égard pour la race royale, on leur écrasera la
tête contre la pierre.

O mon fils, il me semble entendre déjà un murmure confus comme celui d'un lointain orage...

Cité puissante, dont la gloire est parvenue aux ex-
trémités du monde, toi qui es devenue par tes lumières, par ton industrie, par ton commerce, le centre
de la civilisation, le point de ralliement de toutes les
nations du globe, ne seras-tu pas semblable à ces
villes qu'on ne retrouve que dans l'histoire des peuples? Nos prédécesseurs ont été plus heureux que
nous, car le peuple enfant ne savait point encore
marcher ; il était retenu au berceau par des liens
disproportionnés à sa force. Aujourd'hui, il les a bri-
sés : c'est un géant qui épouvante le monde. Il lui

faut des franchises, des libertés ; un instinct orgueil-
leux fait battre son cœur dans sa vaste poitrine. Il a
puisé dans un sommeil séculaire une force indomptable. Il va se lever et combattre par ordre. Il va
montrer que lui seul sait se suffire à lui seul.

Si nous avions voulu, nous aurions été les amis du
peuple, c'est pour cela que nous avions pris sa tutelle ; mais nous avons été infidèles à notre mission,
nous avons tourné contre lui les armes qu'il nous
avait données pour défendre ses droits. Un reste de
respect pour l'imposant simulacre de la royauté l'a
retenu longtemps......................................
..Mais ne serait-ce donc plus une prédiction ?.....
Entends-tu les cris qui retentissent de toutes parts ?
. ...,
....Vois-tu ces hommes morts ou blessés accumulés
aux portes de mon palais ?... Aux armes ! aux armes !
Je ne distingue que cette voix de vengeance au milieu du tumulte de la cité. .

Entends-tu le tocsin funèbre qui appelle au combat
les enfants du peuple ?....

Qui vaincra ? Qui étouffera cet esclave révolté ? Qui
coupera les sept têtes de cette hydre funeste ? Mes
plus fidèles soutiens vont être massacrés ! Fantôme
terrible ! Quelles affreuses nouvelles tu m'as apportées
cette nuit !..

.. Les murs croulent... La flamme et le feu exercent partout d'affreux ravages... Le ciel et la terre
sont en feu.... Mais on vient... O mon fils, où nous

cacher pour nous soustraire à la fureur de nos enne-
mis . . . .
. . . .
. . . .

Plus grands que la race royale, les enfants du
peuple accordent un généreux pardon à leurs illustres
oppresseurs.

. . . .

VI

En voyant l'inquiète et incessante activité d'un peuple jeune, au sein duquel la vie fermente et bouillonne comme l'eau dans une chaudière placée au-dessus d'un foyer ardent, on ne peut se défendre d'un sentiment d'étonnement et de crainte.

Devant les prodiges de tout genre qu'il opère, l'on est comme devant l'étrange spectacle d'une nature grande et sauvage, où rochers, montagnes, torrents, tout présente l'effet d'une gigantesque tourmente.

Il y a un sentiment bien plus doux, et plus en rapport avec les besoins de notre âme, c'est celui que fait éprouver un ordre de choses régulier et stable, une nature dont chaque partie sagement ordonnée s'achemine gaîment vers son but.

N'est-ce point là ce que nous ressentons à la vue d'un peuple arrivé à cet âge tranquille et calme qui est celui de la maturité. Oh! comme après les menaces de la tempête, il fait bon de se reposer au frais ombrage d'un arbre hospitalier!

Ce peuple ne ressemble point à l'enfance ignorante et faible, à la jeunesse fougueuse et sans expérience. Tous ses membres ont acquis leur développement naturel, et il sait en user selon la destination de chacun. Il n'y a plus pour lui de servitude possible. Mais en reconnaissant sa force, il ne veut s'en servir que pour arriver à sa fin, et non pour en faire un instrument oppresseur. Tous les droits sont connus, tous les devoirs tendent à être pratiqués.

Alors un peuple est véritablement un peuple, c'est-à-dire un être collectif dont les parties liées ensemble ont à remplir une fonction propre à chacune pour atteindre un but commun; il ressemble au corps humain où tous les membres jouissent d'une part de vie proportionnée au rôle qui leur est assigné.

Cette société est libre, car la liberté consiste à ne point être gêné pour atteindre sa fin légitime. Elle obéit sans doute à une volonté qui manifeste l'opinion de tous; mais elle n'en agit pas moins librement.

Je crois n'étonner personne en disant qu'en France, nous sommes sur le point d'arriver à cet âge heureux où le peuple connaissant sa force et son droit, comprend que son intérêt bien entendu dépend de l'intérêt général, de la prospérité commune. Tous les rouages de cette immense machine, qu'on appelle gouvernement, tendent à se placer dans une position où elles puissent agir avec unité, ensemble, harmonie.

Où l'on crée des lois sages, ou l'on modifie les anciennes pour les approprier aux besoins de l'époque.

Les populations commerçantes, industrielles, agricoles, sont entrées dans une sphère de bonheur qui s'étend tous les jours; les droits de chacun sont, sinon accordés à tous, au moins appliqués d'une manière plus large et dénotent un immense progrès. (1)

Toutefois, il faut que le peuple ait sans cesse les yeux ouverts sur ceux qu'il a chargés de la mission glorieuse, mais difficile de défendre ses intérêts; qu'il prenne garde; il y a au cœur de l'homme un levain d'orgueil qui fermente toujours.

Au lieu d'être ses mandataires, ils deviennent facilement ses tyrans. Il ne doit se confier qu'à des hommes qui ont passé par le creuset d'une longue expérience; il doit reléguer dans la vie privée les hommes d'égoïsme et de haine, les âmes cupides qui lui enlèvent le plus précieux de son sang. Il lui faut des hommes de dévouement, des hommes dont le cœur soit fortement remué par le souffle des passions généreuses. Qu'il ne craigne pas de faire descendre du faîte des honneurs et d'atteindre par un châtiment sévère, celui qui a méconnu la sainteté des devoirs qui lui sont imposés; que, s'il ne le fait, la honte arrive jusqu'à lui, et de plus il marche à une ruine inévitable.

---

(1) Il ne faut pas oublier que cet ouvrage était sous presse le 24 février.

Ah! qu'un pays où la voix du peuple serait écouté comme la voix de Dieu même, parviendrait bien vite à un haut dégré de puissance et de gloire !

Le peuple, dit-on, est porté à l'anarchie. N'en croyez rien : il n'y a d'enclin à l'anarchie que les hommes qui veulent l'asservir, que les tyrans qui veulent le mettre dans les fers.

On rencontre parfois des hommes qui ont pour le peuple une haine qui va jusqu'au délire : ils prononcent son nom avec le plus superbe dédain; ils se croiraient souillés, si leur aristocratique personne avait le moindre contact avec le rude habit et la misère du pauvre; ils explorent avec une avide curiosité les moindres de ses fautes; ils vont aux temples de la justice pour jouir de sa condamnation, puis ils lui jettent sur les épaules un manteau d'ignominie, et ils disent : voilà celui qu'on voudrait décorer de la pourpre royale? n'est-il point bien digne de porter le sceptre et la couronne?

Je vous le dis en vérité, c'est là la plus révoltante de toutes les injustices: Il y a parmi le peuple tant de malheureux qui ont été poussés au crime par l'infortune !

Mais dans cette classe hautaine et fière de ses vertus, le crime est-il donc une chose inconnue? C'est là qu'il se trouve avec ses plus horribles, ses plus épouvantables circonstances; c'est là qu'il est le fruit de la dépravation de l'esprit et du cœur.

Si une barrière insurmontable n'éloignait le peuple de vos demeurés, ô vous qui le méprisez, parceque dites-vous, il est criminel, de quel hideux spectacle il serait le témoin !

Cet or, ces palais, ces immenses domaines, sont-ils le prix de vos sueurs ou de vos rapines ? Ces richesses, les employez-vous au bonheur du peuple ? Ou plutôt ne les transformez-vous pas en festins d'orgies et de crimes ?

Lavez le sang et la boue dont vous êtes couverts des pieds à la tête, et peut-être alors vous sera-t-il permis de parler des méfaits du pauvre.

Oui, le peuple est roi ; oui, seule, sa noble tête mérite de porter la couronne royale.

Quand un roi nommé par le peuple est assis sur le trône, il est digne de tous nos respects ; en fléchissant le genou devant lui, c'est le peuple que je vénère, c'est devant son expression que je m'incline, mais il faut se garder de prendre la volonté de quelques-uns pour la volonté de tous ; dans le premier cas, on obéit à la tyrannie, dans le second, au souverain légitime, à la voix qui part du centre où tous les membres de la société viennent aboutir.

Voilà la seule vraie centralisation, la seule légitime, celle que nous appelons de tous nos vœux. Chercher à la déprécier, autant vaudrait attaquer la nature dans ce qu'elle a de plus beau, c'est-à-dire dans la régularité et l'harmonie des parties qui la composent ; autant vaudrait encore critiquer le système céleste parceque tout y gravite avec ordre dans un espace limité, pour que rien ne se choque, ne se heurte, et n'accuse son auteur d'imprévoyance et de faiblesse.

Quelque couleur qu'affectent les détracteurs du peuple, sous quelque drapeau qu'ils se rangent, défiez-vous en, ce sont des hommes d'une réaction qui hâte la vie des sociétés.

On ne doit point s'étonner qu'il s'en trouve parmi nous; nous sommes encore si peu éloignés des derniers jours du despotisme, qu'il est naturel que certains rejetons lui survivent. Mais, ce qui doit nous surprendre, c'est qu'ils viennent s'étaler au soleil de la liberté. tandis qu'ils n'aspirent qu'à obscurcir son éclat.

Ils ont beau s'agiter, ils ne pourront raviver dans la société nouvelle des institutions qui ont fait leur temps; il serait plus facile de refouler un fleuve vers sa source que de faire rétrograder l'esprit des siècles: toute tentative dans ce sens aboutit fatalement à l'impuissance.

Que reste-t-il donc à faire à ces spectateurs immobiles du mouvement qui entraîne tout en ce monde? n'ont-ils d'autre mission à remplir, que d'enrayer dans sa marche une patrie qu'ils disent l'objet de leurs plus chères affections?

Qu'éclairés par les luttes du passé, instruits à l'école des guerres civiles et des fléaux qu'elles entraînent pour tous, ils mettent aussi la main à l'œuvre de reconstruction qui s'opère autour de nous. Abrégeons le temps des éternelles récriminations; il n'est point de parti qui n'ait des reproches à se faire, et qui pour réaliser ses vues, n'ait usé de moyens extrêmes.

Il est une chose que nous devons placer avant tout,

c'est la patrie. Au point de civilisation où elle est arrivée, ne fait-elle pas notre gloire ? N'est-elle pas la reine du monde par ses productions, par la science, l'industrie, le bon goût et la valeur de ses enfants ? Nier ces avantages, c'est avoir des yeux et ne point voir; c'est marcher et nier le mouvement; c'est abdiquer l'honneur d'être français.

On peut être en dissidence sur la nature des réformes à opérer et sur certaines mesures gouvernementales; mais c'est un crime inqualifiable, un crime de lèse-nation, que de chercher à rabaisser son pays dans l'esprit des autres peuples, et lui refuser le juste concours qu'il a droit d'attendre du dernier de ses enfants.

VII

Assurément, il suffit de jeter les yeux sur notre
patrie, et de considérer un instant ses institutions
pleines de force et de sagesse, pour concevoir de ses
destinées, de belles et légitimes espérances ; elle vivra longtemps à cet état de grandeur où elle est parvenue à force de sacrifices. Longtemps elle sera
comme un phare brillant placé sur le monde pour en
éclairer toutes les nations. Mais faut-il le dire ? N'y-
a-t-il point danger de jeter le découragement au cœur
de ses plus intrépides enfants ? Un jour viendra où sa
vie aura moins d'activité, où la vieillesse avec ses
inévitables rides, l'atteindra sans pitié. Quand viendra ce moment solennel de douloureuse transformation ? Nul ne le sait : mais, nous avons beau faire,
il arrivera ; car chaque nation passe infailliblement à

travers les vicissitudes du temps à une vie nouvelle et inconnue. Il y a des peuples arrivés à cette fatale époque. On n'aperçoit plus en eux aucun signe de vie : un sang actif a cessé de circuler dans leurs veines. Leur figure est pâle, décolorée ; leur démarche chancelante. Un autre les ceint et les conduit à sa guise ; il ne leur reste plus de force que pour obéir à la tyrannie et se prosterner devant elle.

Vous avez vu quelquefois de ces hommes attaqués d'une maladie qui les mine et les consume. Pour eux, les aliments sont devenus un poison funeste qu'un invincible instinct leur fait rejeter. Leur corps se dessèche et vous présente le plus hideux spectacle, c'est la mort dans la vie.

Tel est l'état de ces peuples malheureux, et pour me servir de l'expression d'un des plus grands amis du peuple, en les voyant, vous croyez « entendre les pas du fossoyeur. »

N'y-a-t-il plus pour eux aucun espoir? L'arrêt que le ciel a prononcé contre eux est-il irrévocable?

Que répondre à cela, si ce n'est qu'ils subissent la loi de leur nature? Pourtant, ils n'en sont pas moins dignes de la compassion et des secours des peuples doués de force et de sagesse.

Quoique nécessaires, leurs souffrances peuvent être allégées. Ainsi, sur un lit de douleur, quand un vieillard va passer de la vie du temps à celle de l'éternité, on peut et on doit calmer ses angoisses; qu'une voix douce et amie résonne à son oreille, pour que l'espoir l'accompagne jusqu'au seuil de la régénération.

Quand un peuple gémit et se plaint sous les rigueurs du despotisme, on dit qu'il est généreux et fier. Le nier, serait se mettre en désaccord avec la vérité et insulter à son oppression ; mais j'ajouterai qu'il faut bien se garder de flétrir le caractère du peuple qui supporte en silence le joug de la tyrannie.

Sans doute, c'est un spectacle bien fait pour commander l'admiration que celui de tout un peuple qui combat pour sa nationalité, et qui prodigue pour cette sainte cause le sang de ses enfants les plus chers. Ses efforts méritent toute la sympathie des nobles cœurs, et s'il succombe, on doit alléger sa misère, et soutenir ses espérances.

Mais, qu'il nous soit permis de le dire, sa détresse toute grande qu'elle est, n'égale point celle d'une nation trop faible pour que ses soupirs arrivent jusqu'à nous.

Quand la voix se fait entendre, c'est qu'il reste encore au malheureux un peu de force et d'espoir, mais quand la douce espérance, en signe de départ, a secoué ses ailes au-dessus d'une grande infortune, là plus de mouvement : il n'y a plus que le silence de la mort. C'est avec raison que Senèque a dit : « La « douleur légère s'exhale en plainte ; la douleur ex- « cessive garde un morne silence. »

Oh ! qui dira l'incomparable souffrance qui des rives du Bosphore, des palais de l'antique Bysance aux contrées que le soleil dore de ses rayons naissants, mine sourdement une grande portion de la race humaine?

L'homme, créature malheureuse d'une inexorable divinité, n'a point sur cet univers si vaste, un pauvre petit coin de terre où il recueille dans la liberté ce qu'il a semé dans les larmes. Tandis que les renards ont des tanières, les oiseaux du ciel un nid suspendu aux rameaux d'un arbre protecteur, lui, semblable au christ chargé de l'iniquité de ses frères, il ne sait où reposer la tête. Un tyran voluptueux et jaloux lui a ravi jusqu'à cet être que Dieu a fait semblable à lui pour l'aider à traverser l'aride contrée de l'exil.

Il n'a en partage ni le soleil qui, suivant les desseins d'une providence toute paternelle, réjouit tout homme venant en ce monde; ni la terre qui voudrait bien pourtant ne sevrer aucun de ses enfants de la fécondité de son sein; ni un fils qui sèche ses pleurs et soutienne sa vieillesse; ni une fille dont le doux sourire et la beauté naissante, viennent comme un rayon consolateur, éclairer le ciel nébuleux de son âme attristée. Que dis-je? il ne se possède pas lui-même. Vendu à son semblable, il est un des mille instruments qui travaillent nuit et jour pour fournir un aliment nouveau aux secrets et farouches plaisirs d'un tyran.

De longues années se passeront encore, disent certains hommes aux sinistres prédictions, avant que l'étoile de la liberté se lève sur ces contrées, chassant devant elle les ténèbres de l'ignorance et le despotisme qui en est le fruit; et pour raisons, ils allèguent les préjugés et l'abattement du peuple, ainsi que la tyrannie des grands.

Ceux-là ont vu le mal, mais ils méconnaissent le remède; pour eux l'histoire est un livre scellé, et les ressources de la providence leur sont inconnues.

On trouve au sein des peuples civilisés un foyer de lumière dont les rayons n'ont rien perdu de leur éclat et de leur force. Le monde entier est appelé à jouir de sa chaleur féconde.

C'est du christianisme que je parle.

Il développe les nobles instincts de l'homme, et ramène en leur voie ses passions désordonnées.

Il ne fait pas seulement espérer la liberté, il la donne.

Il écrase la tyrannie, ouvre la porte des cachots, et brise les fers de l'innocent opprimé.

Sa doctrine se résume en ces deux prescriptions : croyez et aimez. Aimez Dieu et aimez vos frères. Celui qui aime ses frères aime Dieu, celui qui aime Dieu aime ses frères.

A dater du jour où le christianisme retournera en Orient sa première patrie, qu'il a quittée pour des causes que Dieu a voulu nous cacher, nous verrons se relever les murs de Babylone et de Ninive; Jérusalem sera heureuse et fière comme la jeune fiancée appuyée aux bras de son bien-aimé ; où les animaux sauvages vont chercher un refuge, il s'élèvera des palais, des temples, des cités glorieuses. La puissante

Tyr ayant ressaisi le sceptre des mers, échangera librement ses riches produits avec les villes de l'Occident.

Un monde vieilli rendra le dernier soupir, mais sur ses ruines apparaîtra un monde nouveau, une génération ivre d'espérance.

L'Orient tout entier aura de nouveaux hommes, de nouvelles lois, un nouveau Dieu.

Un instinct secret, une force irrésistible nous pousse vers l'Orient; nous l'aimons comme on aime la patrie, comme on aime le pays natal. L'Orient est notre berceau, et combien il est doux à notre cœur de rêver pour lui une destinée d'une grandeur inconnue !

Quand arrivera cette heure d'ineffable attente?

Ce sera quand les peuples civilisés auront compris la mission que Dieu leur a donné à remplir : en étendant sur eux le manteau de sa protection, il les a chargés en même temps d'un haut apostolat.

Il les a éclairés, mais c'est à la condition qu'ils ne retiendraient point dans leur sein la vérité captive.

La lumière ne doit point être placée sous le boisseau, mais sur le chandelier, afin qu'elle illumine de ses rayons tous les habitants de la terre.

O peuples qui avez reçu avec les tressaillements de la joie la plus vive, le verbe de la régénération, la bonne nouvelle de la charité et de la fraternité, hâtez-vous de former une ligue sainte pour arracher vos frères à l'ignorance, à la barbarie, à l'esclavage.

En même temps que vous communiquerez à des créatures de Dieu, à des hommes semblables à vous, les bienfaits de la liberté, le cercle de vos jouissances se dilatera de plus en plus, vous ferez des heureux, et vous augmenterez votre propre bonheur.

VIII

Comme nous l'avons vu, les peuples qui se disputent la terre que Dieu a donnée aux enfants des hommes, ne sont point tous arrivés au même degré de la perfection à laquelle ils doivent tendre.

Les uns, comme l'enfant au berceau, ne savent point user de leurs faibles organes : ils ont besoin de secours de toute espèce ; c'est une image de faiblesse et de misère.

Les autres, pleins de fougue et d'ardeur, abusent de leurs forces.

Ceux-ci marchent d'un pas plus modéré et plus égal : la main de ceux-là est déjà froide et glacée.

Pour juger de la perfection d'un peuple, c'est à son âge mûr qu'il faut l'étudier : à cette époque seulement, il donne les fruits qu'on est en droit d'en attendre.

Cette étude n'est point si facile qu'on le croit communément. Combien d'esprits éblouis par le fracas des conquêtes et l'appareil d'un luxe pompeux, ont émis à cet égard des jugements erronés et pris pour la civilisation ce qui n'en était que l'ombre ! Demandez à bien des gens superficiels qui ne parlent que de progrès, en quoi ils font consister l'excellence d'un peuple ? Ils vous parleront de ses arts, de son industrie, de ses richesses, des savants qui l'ont honoré, des héros qui ont porté sa gloire sur des rivages étrangers.

Oh ! sans doute, et nous le reconnaissons volontiers, ce sont là les vrais éléments de la civilisation, mais il y manque quelque chose pour les vivifier et les féconder.

Les actions héroïques élèvent un peuple : c'étaient de grands peuples que les peuples de Cyrus, d'Alexandre et de César.

Les richesses élèvent un peuple : c'étaient de grands peuples que les peuples de Tyr et de Carthage.

Les sciences et les arts élèvent un peuple : c'étaient de grands peuples que les peuples de Périclès et d'Auguste.

Mais à tous ces peuples il manquait un principe de vie, sans lequel il n'y a que lutte et cahos : il manquait la connaissance et la pratique du droit.

L'humanité ne suit une ligne ascendante, que lorsque ses efforts tendent à dégager le droit de tout ce qui lui est étranger.

À voir les notions si claires et si simples que nous en avons aujourd'hui, on est étonné que les hommes aient mis tant de temps à le connaître et à l'apprécier; il est ancien comme le monde, « Il était dans le monde « il était fait pour le monde, et le monde ne l'a point « connu. »

D'où vient le vice de tant d'institutions humaines? C'est qu'elles n'étaient point basées sur le droit; c'est que les législateurs avaient perdu de vue ce phare lumineux dont on devait apercevoir la vive lumière dans chacune de leurs paroles. Que d'aberrations funestes, que de crimes monstrueux en ont été les effroyables conséquences! Combien de mères désolées ont vu jeter dans l'Eurotas l'enfant qui aurait défendu la patrie! Combien de lois humaines étaient opposées aux lois de la nature! O Lycurgue! Lycurgue! tu n'as pas un seul instant médité sur les instincts et les besoins véritables de l'homme : tu as voulu faire un peuple fort, et tu n'en as fait qu'un peuple criminel. S'il est vrai que tu n'as été que le copiste du législateur de la Crète, oui, la Grèce entière dans sa mythologie souvent si belle et si instructive, a commis une injustice qui ne lui sera jamais pardonnée, en établissant ce dernier comme juge au sombre royaume.

Si Lycurgue n'est que le copiste de Minos, le législateur et le copiste doivent être enveloppés dans la même réprobation.

Mais avant tout, mais surtout, honte à ceux qui

n'ont pas vu que le christianisme avait pour mission d'établir ici-bas le triomphe du droit! Le Christ est l'ouvrier de la réhabilitation humaine, le restaurateur du droit sur la terre.

Non, jamais je n'ai pu m'expliquer, par quel détour, par quelle argutie, par quel faux-fuyant, fût-on le plus délié des sophistes de la Grèce, on a pu allier le despotisme le plus brutal de la part de ceux qui commandent, l'esclavage le plus avilissant de la part de ceux qui obéissent, aux croyances et aux pratiques d'une religion qui a brisé les fers de la servitude, et proclamé par tout l'univers, avec le sang de ses martyrs, la voix de ses apôtres, et les écrits immortels de ses écrivains inspirés, la grande loi de l'égalité humaine.

Une religion qui dit aux hommes de s'aimer comme les enfants d'un même père, qui pour empreigner leurs actions, leurs mœurs de la douce loi de charité ajoute : que Dieu lui-même par excès d'amour pour nous, s'est fait semblable à nous, nous a donné le nom de frères, a racheté le pauvre, l'esclave comme l'homme opulent, n'a voulu pour disciples que des pauvres, a regardé la pauvreté comme la seule voie qui conduisit au bonheur en ce monde et en l'autre; une telle religion ne peut être celle de l'oppresseur du pauvre. Si vous voyez un pouvoir despote se couvrir du manteau du christianisme, souvenez-vous que le Christ n'est allé chez Caïphe, chez Pilate, chez Hérode, que pour y être méprisé, insulté, flagellé, condamné à mort.

Il est né chez le pauvre, il a surtout évangélisé le pauvre, parce qu'il venait surtout sauver le pauvre, et rétablir l'inviolabilité de ses droits.

IX

Mais pour que le peuple use avec sagesse de son droit, et que lui-même ne devienne point oppresseur, il est important qu'il en connaisse l'origine, la nature et l'étendue; autrement il prendrait son fantôme pour lui-même, et quand il serait devant ses yeux, sous sa main, il ne pourrait ni le voir, ni le saisir.

Il ne faut point s'étonner que souvent on ait confondu le droit avec la force. C'est une doctrine si avantageuse à la tyrannie ! de prétendus sages ont consacré à sa défense des pages éloquentes, et n'ont point vu que c'était « diviser l'espèce humaine en « troupeaux de bétail, dont chacun a son chef qui le » garde pour le dévorer. » (1)

----

(1) Contrat social, chap. 2.

D'ailleurs, rien n'est impuissant comme le droit quand il est seul. Habitué à le voir soit attribué, soit réellement uni à la force, on ne se doute point combien il lui est difficile de se faire accepter sans elle, même de ceux qui passent pour avoir le cœur droit et l'esprit éclairé. C'est une chose triste à dire, et néanmoins très-vraie, le droit en lui-même n'a point sur les hommes un prestige aussi grand qu'on le croit communément. Ce qu'il a d'empire, il le doit presque entièrement à la force divine et humaine qui le sanctionne, et surtout à l'opinion, ce juge redoutable de tous les instants

Il faut que sa puissance soit bien faible, puis qu'avec ce triple appui, il ne triomphe pas toujours. Otez la répression légale, la crainte d'une justice céleste, le frein de l'opinion, et vous trouverez à peine quelques vestiges du droit parmi les hommes.

De là vient l'erreur que nous venons de signaler. Comme en recherchant le droit, presque toujours on l'a trouvé sans force en lui-même, ou opprimé de manière à laisser des doutes sur son existence, et sans cesse abrité contre une puissance étrangère, on a cru que cette union etait indissoluble; on s'est même imaginé que le droit et la force étaient une seule et même chose, et on a agi en conséquence du fameux paradoxe : la force fait le droit.

Une pareille doctrine doit produire des fruits de mort, car elle n'aboutit qu'au déchaînement de toutes les forces particulières les unes contre les autres. C'est ce que démontre le plus simple raisonnement.

Puisque la force supérieure possède à cause de cette supériorité même, le droit de commander, tous ses efforts sont légitimes et sacrés ; mais en même temps, il n'y aura point de repos pour elle, car une autre force pourra tous les jours gagner du terrain, grandir et tendre à la supplanter. Du moment où elle arrivera à son niveau, ses prétentions ne seront ni moins légitimes, ni moins sacrées.

Rousseau exprime la même chose en ces termes : « Sitôt que c'est la force qui fait le droit, l'effet change » avec la cause; toute force qui surmonte la première, » succède à son droit. »(1) De plus c'est absoudre toutes les usurpations, toutes les tyrannies, tous les crimes, puisqu'ils ne sont que le triomphe de la force qui, selon l'hypothèse, ne serait autre que le droit.

L'origine du droit ne peut donc être dans la force, pas plus pour les peuples que pour les particuliers.

Où la trouverons-nous donc? de quel côté dirigerons-nous nos investigations?

Nous trouverons dans la nature de l'homme le fondement de tout droit et de l'ordre social tout entier.

Il suffit de nous considérer un instant, pour connaître que nous n'avons point en nous-mêmes de quoi soutenir notre existence terrestre. Ce qui nous manque, nous le sentons; ce qu'il nous faut, nous le désirons, nous le poursuivons avec une constante ardeur. Ce sentiment et ce désir existent au fond de notre

---

(1) Contrat social, chap. 3.

nature, ils en sont une partie essentielle, et consé-
quemment ils ont Dieu pour auteur. Or quand je ressens
combien je suis faible dans mon isolement, et que,
pour réparer mes forces, je me hâte de recueillir dans
les créatures de Dieu l'essence de ma vie qu'il y a dé-
posée, si je faisais un acte répréhensible ; en un mot,
si je n'usais point d'un droit réel, qu'en résulte-
rait-il ?

Il en résulterait que Dieu qui a créé ma nature,
mes facultés, aurait mis dans la partie la plus intime de mon être, un sentiment profond de ma
faiblesse, un désir violent de ce qui me manque pour
continuer mon existence ; que les moyens d'arriver à
cette fin, il les aurait placés devant moi ; qu'il m'aurait
donné la force de les atteindre pour combler le vide de
mon âme, et que d'autre part, tout effort de la volonté
dans cette direction tracée par lui-même, serait injuste et coupable. Il y aurait là une absurde contradic-
tion ; ce serait prêter à Dieu les capricieuses idées
des divinités antiques, et accorder un bill d'authen-
ticité à la fabuleuse histoire de Tantale.

Le besoin enfante donc un droit, droit sacré résul-
tant de notre propre nature. Il n'est même pas possible d'avoir l'idée de besoin, de prononcer ce mot,
sans qu'en même temps l'idée de droit ne se présente
à notre esprit ; et non seulement il renferme un droit,
mais il les renferme tous : en dehors de lui il n'y a
point de droit.

Il est la souche féconde d'où sortent tous les autres
droits, comme autant de rameaux soumis eux-mêmes

à d'innombrables divisions. Otez le besoin à l'homme, comme alors rien ne lui manque, tout droit lui est inutile; mais avec le besoin, tout lui manque et il est nécessaire que le droit arrive.

Voyons maintenant le rôle réservé à la force, et quelle part lui est faite.

Le besoin disons-nous, et nous l'avons démontré, enfante le droit; mais nous devons ajouter qu'il ne peut le revendiquer lui-même. Pour cela, il lui faut un auxiliaire, et cet auxiliaire ne peut être que la force.

Si le besoin donne naissance au droit, c'est la force qui l'exerce.

Ici nous séparons la force du droit, plus nettement encore que nous ne l'avons fait jusqu'ici. Nous les voyons non point sortir l'un de l'autre, mais essentiellement distincts.

La force ne crée donc point le droit, puisque celui-ci existait avant elle, indépendamment d'elle.

Ainsi se trouvent réfutées les funestes doctrines qui aboutissent à l'asservissement du droit par la force.

C'est pour n'avoir point établi cette importante distinction, que dans notre siècle on a glorifié le succès lui-même, comme le triomphe de la force seule.

Le triomphe du droit est le seul triomphe légitime.

On pense bien, qu'en faisant sortir le droit du besoin, notre intention ne peut être de parler ici de toutes sortes de besoins.

Nous ne parlons point de ces appétits malades que rien ne peut satisfaire, des fantômes d'une imagination qui s'égare, des rêves issus de la cupidité et des mauvaises passions, car ce sont là les besoins d'une nature viciée et détournée de sa voie.

Nous entendons tout besoin fondé sur la nature saine de l'homme, conforme à la raison, et qui nous dirige vers notre fin providentielle; seul il enfante un droit, et celui-là est coupable, qui nous empêche d'y donner satisfaction.

Ici arrive le rôle de la loi. Elle proportionne la force au véritable besoin. Elle est la régulatrice de celle-ci, et juge du second. Elle le défend, elle ne le crée point. Elle le fait connaître; elle dit où il est. Loin qu'il dépende d'elle, sans lui, elle ne pourrait exister.

Une loi juste, est celle qui est basée sur le droit, et ce droit prend sa source dans un véritable besoin.

Il ne suffit point à une loi d'être juste, il faut aussi qu'elle soit efficace.

Si elle n'est que juste, ce pourra être une belle prescription, mais assurément, ce sera une prescription inutile, car il faut prendre l'homme tel qu'il est, et non tel qu'il doit être.

Comme une loi juste exigera souvent que l'homme sacrifie son intérêt propre à l'intérêt général, il n'est point toujours assez désintéressé pour s'immoler lui-même, et procurer comme une victime volontaire, le salut de ses frères. Il ne s'y décidera souvent qu'autant qu'une force supérieure viendra se placer au-devant de la sienne pour la combattre et la vaincre.

Si au contraire, cette loi n'est qu'efficace, c'est-à-dire, si elle émane seulement de la force elle consacrera la plus grande oppression qui se puisse rencontrer.

Il faut donc qu'elle soit juste et en même temps efficace.

Il est facile maintenant de voir ce qui fait la légitimité d'une loi. Est-ce parce qu'elle est faite par le plus grand nombre, qu'elle est légitime? Nullement. Ce qui fait son autorité morale et sa légitimité, c'est qu'elle ne blesse point, qu'au contraire elle consacre le droit de chacun; en un mot, qu'elle ait pour base un besoin fondé sur notre nature saine et raisonnable.

X

Tout droit découlant d'un besoin réel, et non d'un
besoin imaginaire, n'est-il pas bien difficile de distinguer ces deux sortes de besoins? Dans une chose de
cette importance, puisqu'il s'agit d'établir la moralité
de nos actions, il est de toute nécessité qu'il n'y ait
point d'erreur involontaire. Il faut que l'un et l'autre
soient marqués d'un caractère tellement propre à
chacun, qu'ils ne puissent être confondus.

Au premier aspect, ce n'est point une tâche légère
de tracer une pareille limite : en effet, qui dira où doit
s'arrêter mon désir pour être légitime? Du licite au
défendu la distance est-elle si grande, que mon pied
ne puisse à chaque instant la franchir à mon insu?
Sais-je au juste ce qui m'est nécessaire pour entretenir
la double vie de mon âme et de mon corps? Mon âme

sans cesse tirée en deux sens contraires, ainsi que l'ont remarqué le christianisme et la philosophie, conserve-t-elle assez d'entraînement vers Dieu et d'amour pour la vertu, pour n'avoir point à craindre de prendre l'erreur pour la vérité et le mal pour le bien?

Nous n'avons rien de tel à redouter, si nous sommes les amis sincères de la vérité. Quand on veut la vérité, rien que la vérité, toute la vérité, sans prendre garde si elle a veillé ou non sur notre berceau, si elle flatte ou contrarie nos passions les plus chères; assurément on en découvrira assez, sinon pour satisfaire une insatiable curiosité, au moins pour régler la conduite. Je ne dis pas qu'un soleil d'une étincelante clarté illuminera toujours la route, mais on trouvera une lueur suffisante pour ne pas s'égarer.

Rejetons loin de nous toute préoccupation d'intérêt, de position et de préjugé; dépouillons-nous de cet attirail incommode qui amortit la force de la raison et du christianisme, et à l'aide de ces deux astres brillants nous saurons distinguer notre route.

Notre vie est une lampe allumée de la main de Dieu-même, et dont il nous a confié l'entretien. Pour qu'elle ne vienne point à s'éteindre, il nous a chargés de lui donner l'aliment qui lui est nécessaire; et comme une fois éteinte, il ne serait plus en notre pouvoir de la rallumer, il a créé le besoin, observateur vigilant et fidèle, qui nous dit quand l'huile est près de manquer.

Le besoin n'est donc autre chose qu'un avertissement céleste, un ange dévoué qui ne nous abandonne jamais, qui de la naissance au tombeau nous parle mille voix diverses.

Mais tout ici-bas se soutient par la lutte: tout a son opposé, son contraire, son ennemi. La vie n'est que le choc de deux principes qui cherchent à se supplanter; il y a lumière et ténèbres, erreur et vérité, plaisir et souffrance, amour et haine, vie et mort, partout c'est un combat où chaque élément est victorieux à son tour.

Ainsi en est-il de nos besoins: à côté du besoin créé pour la conservation de notre être, il y a un besoin qui en est destructeur. A côté du messager de vie, il y a un messager de mort.

A l'un il faut prêter une oreille attentive: la voix de l'autre, c'est le chant de la sirène dont la douce et trompeuse mélodie attire le malheureux pilote dans un golfe plein d'écueils.

De ces deux langages, une raison attentive saisira facilement celui qui est conforme à l'ordre, à l'harmonie, à la vérité, à la justice. Pourvu qu'elle soit dans sa condition normale, elle distinguera sans peine ce que l'autre a de désordonné et de faux, et elle lui imposera silence.

Mais, dira-t-on peut-être, combien de fois elle a forfait à sa mission, et confondu le bon grain avec l'ivraie! Le monde est un mélange de crimes et de vertu, mais la vertu n'est-elle point l'exception?

Sans examiner la valeur de cette hypothèse arbitraire, ne peut-on point dire que quand bien même il en serait ainsi, c'est rarement la faute de la raison humaine.

Placée dans des circonstances complexes et embarassantes, environnée d'une épaisse athmosphère de préjugés, la raison s'est quelquefois trompée dans ses appréciations, rien n'est plus vrai ; est-ce là pourtant un motif pour la dépouiller de son droit, et nier qu'elle soit apte à discerner la justice? Assurément non. Tout ce qu'on en peut et doit conclure, c'est qu'afin qu'elle remplisse le rôle qui est dans sa nature, il faut la faire agir en dehors des influences étrangères qui l'obsèdent de toutes parts, et fortifier la volonté par l'exercice de la vertu, pour qu'elle ne sorte point au moindre obstacle du sentier tracé par elle.

Comment ne pas déplorer ici les vagues déclamations que tant de fois on a fait entendre contre la lumière que Dieu a mise en nous pour éclairer notre route? Que fait-on? On va fouiller dans les pages les plus absurdes de l'histoire, et là on prend ce qu'il y a de plus incohérent dans les doctrines, de plus immoral dans les actions ; on fait de tout cela un je ne sais quoi qui n'a pas de nom, et on l'étale aux yeux du lecteur inattentif, en y joignant ces mots ironiques et triomphants : voilà l'œuvre de la raison.

Voilà l'œuvre de la raison ! Mais je soutiens que cela n'est pas : il y a là des fruits que la raison n'acceptera jamais comme son produit.

Un homme usurpant le nom de sage, met au monde dans un pénible et laborieux enfantement, des idées

étranges que repousse le simple bon sens, et l'on dit:
voyez ce que peut cette raison !

Je vois là, au contraire, une attaque à la raison : en
même temps que le philosophe travaille à ce tissu
trompeur, elle lutte contre lui-même, elle lui résiste,
elle lui fait entendre d'éloquentes réclamations;
mais l'amour d'une vaine gloire le rend sourd à sa
voix. Je ne puis mieux le comparer qu'à un comédien
honnête homme qui joue le rôle d'un voleur. Tandis
que pour amuser les galeries et le parterre, et se
faire la réputation d'un habile acteur, il emploie
toutes les ressources d'une nature facile qui se plie
aux exigences de l'art, sa conscience se révolte, et
il dit en lui-même avec bonheur: je ne suis point
tel que je veux paraître.

L'homme peut inventer d'ingénieux systèmes, mais
s'ils ont l'erreur pour base, il est rare que sa raison y
ajoute foi.

Ainsi en est-il des actions: souvent le criminel regarde ses forfaits du même œil que le juge qui les
condamne.

Sans doute, il y a au fond de notre nature un germe
de corruption qui ne demande qu'à se développer,
mais il y a aussi une lueur céleste, un rayon lumineux qui jamais ne s'éteint.

Quand l'homme entraîné par de coupables instincts,
se plonge avec une espèce de délire dans une eau
pleine de limon, quand il brise avec Dieu, avec la vérité, avec lui-même, il ne faut pas croire que les ténèbres d'un lamentable cahos envahissent et obs

truent son âme tout entière. Non, il voit encore un peu de vérité, et il en voit assez pour regretter sa misère. Il ne se débat tant dans ses liens que parce qu'il sent qu'il est enchaîné.

Il en voit encore assez, il est encore assez libre pour appeler du secours. O vous qui n'êtes point véritablement philosophe et qui vous donnez pour docteur en cet art, votre erreur est grande, ou vous essayez volontairement de nous tromper, quand vous voulez nous persuader qu'il y a des hommes arrivés à un point d'abrutissement, et de méchanceté intrinsèque et satanique telle, que la créature intelligente d'un Dieu de bonté a disparu pour faire place à un amas de crimes, de désordres profonds où jamais plus ne pénètre un souffle léger de l'éternelle vérité?

Il y a sur la terre des natures bien coupables, mais savez-vous ce qui se passe en elles? Croyez-vous qu'elle soient entièrement inaccessibles aux combats de la vérité?

A la vue de ces êtres avilis qui sont l'effroi des nations civilisées, qui peuplent les quartiers infects de toutes les capitales du monde, ou que la force retient captifs, se bornant à dompter le corps, puisqu'elle ne peut dompter l'âme, n'est-il plus permis de concevoir aucune espérance de réhabilitation? Est-ce une erreur de dire que tout espoir de salut pour tant d'hommes corrompus et misérables, n'est point évanoui? Que ces ossements blanchis, la terreur du passant, lorsqu'attardé le soir il regagne sa demeure, peuvent se recouvrir de chair et d'os, reprendre la place qu'ils occupaient et ressusciter d'entre les morts?.... Pour nous, qu'avons-nous à faire? Rechercher l'imperceptible centre où quelque clarté réside encore, et là ranimer à notre propre clarté. Oh! quelle âme humaine, quelle âme généreuse ne regarderait comme la plus honorable de toutes les missions, celle de régénérer et de rendre à la société des membres où se déclarent à peine quelques signes de vie.

A côté de la raison, non comme antagoniste, mais comme un ami, un protecteur, un guide infaillible, je vois paraître l'évangile. Forte de cet appui, elle ne peut s'égarer dans son choix. Les passions désordonnées auront beau lui demander d'une voix suppliante l'aliment qui les fait vivre, elle ne cédera point à leurs pressantes instances. Elle sera la servante du corps et de l'âme, mais dans la juste mesure de leurs besoins. Hors de là, elle exercera sur eux une implacable domination.

L'évangile est un livre divin : tout ce qu'il renferme conduit à Dieu et au bonheur. Dicté dans le ciel et écrit sur la terre, il nous dit quelle place nous devons occuper dans le concert unanime des êtres créés, et comment nous devons harmoniser notre voix avec la voix générale.

Ce qu'il y a d'énigmatique dans le monde, l'évangile le découvre; il brise le sceau qui cache les mystères. Il éclaire les ténèbres de la nature humaine, et laisse deviner quelque chose de la nature incréée, du secret divin, et des années éternelles.

Il donne un but aux aspirations dévorantes de

l'âme vers l'infini ; il lui montre dans l'avenir, des délices et une perfection qui surpassent l'idéal des délices et de la perfection qu'elle s'était formé, aux jours où elle s'abandonnait aux doux rêves de l'espérance.

L'évangile est la bienfaisante consolation de l'exilé ; il lui parle de la patrie qu'il doit revoir bientôt, en des termes si touchants qu'il lui fait oublier les douleurs présentes.

L'évangile est le code du peuple, de ses droits sacrés et imprescriptibles, et des devoirs sans lesquels il n'y a pour lui ni liberté, ni bonheur.

Ailleurs il y a des codes, mais ce sont les codes de la servitude : l'Evangile seul est le code de la liberté.

Tout ce qui n'est point animé de son esprit, qui ne vit point de sa vie, qui n'aime point de son amour, qui ne pense point de sa pensée, est erreur, corruption, servitude, égoïsme.

Voilà pourquoi, avant l'évangile nulle liberté, avec l'évangile, le règne de l'émancipation humaine.

Avec l'évangile, le pauvre est devenu sacré, car l'évangile dit qu'il faut voir en lui le Christ rédempteur.

Suivez d'un œil attentif le cours des siècles, et partout où vous verrez le culte du pauvre en honneur, concluez-en que l'évangile donne son fruit et que la rédemption poursuit son œuvre ; mais si vous le voyez pâle et souffrant, donner ce qu'il a de vie, pour procurer à quelques privilégiés un bien-être dont il est privé lui-même , vous pouvez être certains que ses maximes sont oubliées.

L'évangile sera le reproche éternel de l'oppresseur, le ver dévorant qui entretiendra dans son cœur une immortelle angoisse. O peuple, veux-tu connaître tes droits, ouvre l'évangile. Veux-tu connaître tes devoirs, ouvre encore l'évangile. Veux-tu faire trembler les tyrans, montre leur l'évangile, car c'est là qu'il est écrit : « Les hommes sont appelés à la liberté des « enfants de Dieu. »

[illegible]
[illegible]
[illegible]
[illegible]
[illegible]
[illegible]
[illegible]
[illegible]
[illegible]

XI

Comme l'oiseau est fait pour voler et le poisson
pour nager, ainsi l'homme est fait pour le travail. S'il
en est parmi nous qui ont des pieds et ne marchent
point, des bras et ne travaillent point, ils ne pour-
raient continuer leur oisive existence, si d'autres ne
marchaient, et ne travaillaient pour eux. C'est pourquoi, ils sucent toute vie au sein de leurs frères qui
périssent d'inanition et de labeur.

Or, cet état de choses est-il consacré par la nature ?
La providence a-t-elle créé les uns pour le repos, la
molle indolence, la satiété des plaisirs, et les autres
pour le travail, la faim et la misère ?

Gardez-vous de le croire, car cette pensée serait
impie et criminelle. Les hommes ont un père commun qui les a faits pour une fin commune ; et le tra-

vail est le moyen commun qu'il leur a donné pour arriver à cette fin.

Tous formés de la terre, nous avons une même destinée ici-bas.

Tous doués d'une âme qui ne périt point, nous avons une même destinée au ciel.

Défiez-vous de ceux qui vous tiennent un langage contraire : ne vous laissez point prendre à leurs paroles, car elles sont trompeuses. Leur bouche distille le miel, et leur cœur l'amertume. Eloignez-vous d'eux, car ils vont augmenter vos douleurs.

Et pourtant, elles sont déjà si grandes !

Pauvre artisan ! Dis-nous tes souffrances, afin que nous y apportions un prompt remède.

Dans la saison des frimas, la main froide et glacée de l'indigence vient faire tressaillir tes membres exténués.

Aux jours de la brûlante canicule, à peine reposé des fatigues de la veille, l'heure inexorable du travail vient te rappeler à la dure tâche qui t'a été imposée par l'injustice et la paresse de tes frères. Tu devances le soleil dans sa course, et jusqu'au moment où il franchira l'horizon, point de trève, point de repos. Ton corps est desséché, ta figure pâle et défaite ; tes membres sont endoloris ; n'importe ! travaille, travaille toujours. Il manque un ornement à la toilette de cette femme qui veut trouver dans les ressources de l'art non moins que dans sa beauté, des moyens de séduction. Il manque un mets sur cette table où l'abondance a versé ses dons les plus riches.

En vérité je vous le dis, je le répète après tant d'autres voix plus éloquentes que ma voix, c'est là une
infraction à l'ordre établi par Dieu. Cet être bienfai-
sant nous a placés sur une terre si belle, si riche, et
si bien appropriée aux besoins de tous ses enfants !
N'y a-t-il pas un moyen d'équilibrer le bonheur ici-
bas ?

Oui, ce moyen existe : il faut aussi équilibrer le
travail, ou du moins, il faut que tant d'hommes qui
vivent dans l'oisiveté soulèvent un peu le fardeau qui
accable leurs frères malheureux. Là où la richesse est
abondante et superflue, il faut faire en sorte qu'elle
coule un peu au sein des familles pauvres où elle est
si rare et si nécessaire.

Qu'y a-t-il dont la terre ait besoin comme d'une
douce rosée, d'une pluie salutaire, d'une inondation
féconde pour la désaltérer et nourrir les plantes, les
animaux et les hommes ! Eh bien ! voyez comme
Dieu est plein de bonté pour toutes ses créatures : il
l'a environnée d'un lac immense où il a déposé le
germe de toutes les richesses. La mer se prête aux
besoins de la terre, et lui envoie généreusement ses
dons. Ils vont porter la vie partout, toujours et de
mille manières diverses. Les montagnes, les vallées
et les plaines reçoivent ses bienfaits.

Si la mer est la richesse de la terre, la terre est la
richesse de l'homme. Il est le centre naturel auquel
se rapportent et aboutissent tous les éléments de la
création. Toute la nature est tributaire de l'homme.
Elle n'a point d'injuste prédilection. Dieu nous l'a don-

née comme un héritage qui doit être partagé entre tous ses enfants qui lui sont également chers.

C'est donc un désordre, une injustice lamentable, de priver un seul des enfants de Dieu de la part qui lui revient dans le champ du père de famille. Oh! celui-là est bien coupable, qui arrête le fleuve de l'abondance pour en jouir seul, et empêcher qu'il ne porte la fertilité au domaine de son frère.

Que plutôt les biens de ce monde s'étendent à tous: Qu'ils comblent le cœur du pauvre de la joie la plus pure; qu'à ses joues décolorées ils fassent monter un sang plein de vie; qu'à ses bras ils donnent la force, à son cœur l'espérance.

Est-ce qu'au banquet de la vie il n'y a point de place pour tous?

Tous, ne sommes nous pas les convives du père céleste qui veille sur nous, et veut que notre faim sans cesse renaissante, sans cesse trouve un aliment qui l'apaise.

Et pourtant, il n'en est pas ainsi:

Voyez-vous suspendue à la colline, cette vaste et élégante demeure, voluptueusement ombragée par un massif de verdure? Là pour un seul homme paria fortuné, sont réunis tous les plaisirs de la vie. Sa table est chargée des mets les plus délicats; ses habits sont formés des tissus les plus recherchés. L'art s'est joint à la nature pour satisfaire ses goûts bizarres et variés. Une multitude de serviteurs l'environnent prêts à obéir au moindre signe de sa volonté.

Pour maintenir cet homme au sein de la paresse,

du luxe , et des plaisirs de toutes sortes, avez vous jamais réfléchi aux nombreuses et amères douleurs qu'endurent des milliers d'êtres de la même nature? Le laboureur qui trace un pénible sillon arrosé de ses sueurs, c'est pour lui qu'il travaille.

L'infatigable ouvrier qui sur le côteau creuse un fossé autour de la vigne, et brave les ardeurs du soleil, c'est pour lui qu'il travaille.

Le pêcheur qui s'expose aux tempêtes de la mer et après un pénible voyage au milieu des écueils, vient déposer au rivage ses filets chargés d'une abondante capture, c'est pour lui qu'il travaille.

L'ouvrier qui use sa misérable vie à extraire et polir les métaux, à préparer et tisser le lin et le coton, la laine et la soie, c'est encore pour lui qu'il travaille.

Partout on travaille pour lui : au fond des mines où le soleil n'a jamais pénétré, où d'humides vapeurs envoient au cœur la semence funeste des maladies et de la mort , dans les ateliers où il n'y a de repos que quand les membres tombent de défaillance.

Et le laboureur qui lui donne un pain blanc et confortable, est réduit à manger par portions restreintes un pain noir et indigeste.

Et le vigneron qui lui envoie une boisson généreuse, étanche sa soif à l'eau du torrent.

Et l'ouvrier qui travaille la soie, couvre de bure ses membres pâles et amaigris.

Et l'on dira que l'avenir ne sera point meilleur que le passé, meilleur que le présent!

Celui qui parle ainsi, blasphème contre ses frères

qu'il condamne à un esclavage sans fin, et contre
Dieu qui fait pleuvoir la pluie de ses bienfaits sur tous
les hommes, et ne prive aucun de ses enfants du vent
qui rafraîchit et du rayon qui éclaire.

Il y a moins d'un siècle, au temps où *les* privilèges
faisaient gémir la France opprimée; si un homme en-
voyé du ciel ou éclairé par le flambeau d'un génie
supérieur, eût élevé la voix pour montrer tout ce
qu'il y avait d'irrégulier, de contraire à la nature, à
la société, à la justice, de monstrueux enfin, dans
une telle organisation; s'il eût appelé et prédit une
ère nouvelle où les rapports vicieux qu'on avait éta-
blis entre les hommes devaient faire place à d'autres
rapports plus conformes à sa nature, sa voix eût été
étouffée par les clameurs du despotisme: On l'aurait
relégué au fond d'un cachot, ou mis au rang de ces
rêveurs atteints d'une fatale mélancolie, de ces pro-
phètes de malheur pour lesquels rien n'est bien en
ce monde, s'il n'est basé sur le patron de leur cer-
veau.

Et cependant les privilèges sont tombés; le prestige des noms, des familles a disparu.

Le principe de l'unité de nature, de l'égalité frater-
nelle si longtemps oublié, a été reconnu, posé, consacré. Il ne nous est pas plus possible aujourd'hui
d'aller en arrière, qu'il ne l'est aux fleuves de remonter vers leur source, aux globes lancés dans l'espace
de sortir de leur orbite.

Les mornes théories des âges anciens, de celui surtout qui étendit sur notre belle patrie, comme un

crêpe de deuil, de désolation et de mort, sont évanouies. Ah! que s'évanouissent de même toutes ces doctrines issues des passions les plus étroites pour l'avilissement du genre humain; que le véritable esprit du christianisme, esprit d'unité, d'égalité, de paix et d'amour, achève de nous changer et de nous régénérer, et avec nous le monde entier. Depuis un demi-siècle nous avons beaucoup fait, car ainsi que je viens de le dire, nous avons reconnu un principe grand et vital; il nous reste beaucoup à faire, car nous ne sommes qu'à l'origine de son développement régulier.

Maintenant, il faut bannir la violence du monde. Le développement de la civilisation doit être régulier, naturel, spontané. Comme un sage médecin dans une maladie grave se borne à aider la nature; de même, nous devons à la cause du progrès une assistance réelle mais patiente.

Quelle sera la nature de ce secours? Il doit surtout consister dans une juste répartition du travail et de la jouissance.

Oui, nous le disons avec une inébranlable conviction, il faut que le travail se répande dans le monde; que pour s'y dérober, personne n'invoque l'injuste prétexte d'une odieuse prescription; que tous aient à cœur de remplir la tâche qu'en venant sur la terre, ils ont reçue de Dieu.

La créature raisonnable n'est point sortie du néant pour croître, végéter et mourir. A l'appel de la providence, elle a paru ici-bas pour y remplir une double mission.

Travailler la terre et puiser sans cesse au sein de sa fécondité maternelle.

Travailler son âme, en la façonnant à toutes les vertus, en établissant l'ordre dans ses facultés et ses passions.

Un gouvernement qui veut vivre et ne point voir son existence réduite chaque jour à l'état de problème, doit flétrir de la note la plus honteuse l'inertie et la paresse; accorder ses honneurs, ses distinctions les plus flatteuses à la plus grande énergie et à la plus grande activité. Si l'oisiveté est un vice, le travail est une vertu, et toute vertu mérite récompense.

Il faut au travail un salaire proportionné aux privations qu'il impose.

Je le sais, en ces temps où la charité de plusieurs s'est refroidie, où le riche égoïste veut jouir à part soi du bonheur de la terre, c'est réveiller de bien grandes susceptibilités, mais, n'est-ce pas aussi réveiller de légitimes espérances.

Rien en France n'est funeste et mortel comme cette amère ironie, que l'on jette avec une si déplorable légèreté, sur les choses les plus sérieuses.

Sans doute des rêves sans nombre sont venus réclamer le privilège que l'on accorde seulement aux théories vivantes et pratiques; une certaine classe d'écrivains s'est enveloppée dans un mélancolique nuage, d'où elle a fait descendre sur nous le résultat de ses visions obscures, mais aussi, des cris généreux se sont fait entendre, et des essais pleins de vie ont été soumis à l'expérience : pourquoi l'indifférence et le mauvais vouloir les ont-ils renvoyés au pays des chimères ?

Il y a un principe élevé qui domine cette question difficile, et sans lequel on ne peut lui espérer aucune solution : tout homme qui a des bras pour travailler, doit pouvoir par son travail se suffire à lui-même et à sa famille, quelque nombreuse qu'elle soit ; et quiconque gémit sous le poids de l'infirmité ou de la vieillesse, doit être secouru par ceux qui travaillent.

Or, en est-il ainsi dans notre société ?

Combien de pères de famille recueillent à peine d'un travail opiniâtre de quoi se nourrir eux-mêmes ? Et leur femme, qui la nourrira ? Et ces enfants, qui leur rompra le pain de chaque jour ?

Non, ce tableau n'est point outré : il y a en France des pays où le travail ne suffit point à l'homme pour le faire vivre. Nous avons vu, et le souvenir nous en restera toujours gravé dans l'âme en caractères tristes et ineffaçables, nous avons vu de malheureuses jeunes filles, chargées de soutenir l'existence d'un vieux père et d'une mère infirme qui n'avaient pu rien amasser pour alimenter leur vieillesse ; nous les avons vues, courageuses, infatigables ouvrières, courbées sur leur travail pendant l'énorme durée de dix-huit heures continuelles, gagner au prix d'efforts surhumains, à peine assez pour entretenir leur souffreteuse existence, et empêcher de mourir ceux dont elles tenaient une si misérable vie. Pauvres fleurs à peine écloses, créées pour le bonheur, pour lesquelles le ciel devait être si calme, si pur et si serein, et qui n'ont jamais connu en ce monde qu'amertune et angoisse?

La pauvreté va enfanter le vice, et l'injuste société la flétrira.

Oui, elle la flétrira: mais n'a-t-elle rien de mieux à faire? Qu'elle aille à la source du vice, et qu'elle la tarisse, elle n'aura pas besoin de flétrir. Qu'elle donne à manger à ceux qui ont faim, à boire à ceux qui ont soif, des vêtements à ceux qui sont nus, et elle préviendra bien des crimes.

Comment dissimuler l'indignation qui s'empare de l'âme et en déborde de toutes parts, quand on voit les heureux de la terre, et surtout les philantropes du pouvoir, hausser les épaules et sourire de pitié, quand on vient à leur parler du pauvre peuple et de l'organisation du travail? Les grands hommes! qu'est-ce que cela pour eux? vains rêves de la nuit! irréalisables utopies! leur génie dédaignerait de s'abaisser à des misères de cette sorte. Ils veulent la France grande, riche et heureuse; mais pensent-ils que le pauvre qui a faim soit très-sensible à ces grandeurs, à ces richesses, à ces prospérités? Que lui fait à lui, que notre pavillon couvre la surface de toutes les mers; qu'à quatre mille lieues nos soldats se battent pour un ilot, que les Indes nous donnent leurs cachemires en échange de nos productions, que Paris ait une quadruple ceinture de murailles, que le touriste ou le marchand fasse en un jour le chemin de Paris à Marseille, si les privations de tout genre font de sa vie un continuel et douloureux martyr?

XII

Donner au pauvre l'aliment qui soutient le corps, c'est beaucoup, mais ce n'est pas tout : c'est même ne remplir à son égard que le premier et le plus facile de nos devoirs.

La vie du corps est l'enveloppe d'une autre vie mille fois plus excellente.

Le corps n'est point tout l'homme, il n'en est que la partie inférieure et matérielle. C'est pour cela que le Christ a dit : « L'homme ne vit pas seulement de « pain, mais de toute parole de Dieu. »

Or, quel est cet aliment supérieur, si ce n'est la science qui est la vie de l'esprit, et l'amour qui est la vie du cœur ?

La science et l'amour, telle est la nourriture qui correspond aux besoins de notre âme. Tant qu'elle lui est acccordée, la vie est en elle. Elle ressemble à un arbre au vert feuillage, à la racine profonde, vivifié par les flots d'une sève abondante.

Connaître de la terre et du ciel ce qui est nécessaire à son bonheur, voilà le résumé de la science.

Je parle du peuple, et je parle de science! Combien dont les lèvres vont dédaigneusement sourire à mes paroles! Est-ce que la science est faite pour le peuple?

Je leur demanderai: le bonheur est-il fait pour le peuple? Point de science, point de bonheur: nous l'avons déjà dit, un peuple ignorant est toujours un peuple opprimé et malheureux.

Éclairons le donc, si nous avons à cœur sa félicité.

Au temps où la science était un privilège comme tout le reste, on sait comment elle a été exploitée.

Le malheureux paysan, instrument servile d'une volonté de fer, retournait péniblement la terre. Il ne savait rien de ce qui fait l'homme, la créature de Dieu, l'être libre, le roi de la nature. Au-delà de l'horizon, il n'y avait plus pour lui de monde; et de ce monde qui existait en de ça, qu'en savait-il? Ce qui était nécessaire à la satisfaction de ses appétits grossiers.

Des évènements passés, il n'avait conservé qu'une tradition confuse, un mélange de sottises, de superstitions et de fables.

L'écriture, cetého de ce que l'homme a fait et pensé, était pour lui un signe mystérieux, hiéroglyphique, qu'il ne savait ni tracer, ni comprendre. Partager les travaux, la nourriture et les souffrances de l'animal sans raison, telle était la triste destinée de l'homme. On a étrangement abusé de l'enseignement du Christ : De ce qu'il a dit aux malheureux que leurs peines auraient une grande récompense, de ce qu'il a annoncé le bonheur à ceux qui souffrent, on en a conclu que les pleurs et les gémissements des hommes lui étaient agréables.

Oh ! sans doute il regarde du haut du ciel avec un œil de compassion et d'amour, ces milliers de créatures humaines qui traînent péniblement la chaîne d'une vie de douleurs ; mais en même temps qu'il tisse pour eux une couronne de gloire, il prépare à l'oppresseur une punition et un opprobre éternels.

Il abrège même ici-bas les jours de la servitude.

Déjà l'œuvre de la régénération a commencé, la science a signalé son avènement.

Le peuple a fait un grand pas dans la voie du salut.

Son horizon s'est dilaté : sous les formes les plus douces, les plus suaves, l'espérance a paru devant lui, et un ineffable bien être a envahi son âme.

Semblable à l'aveugle rendu à la lumière et qui contemple avec admiration les vastes campagnes, avec leurs arbres verts, leurs ruisseaux à flots d'argent et leurs moissons jaunissantes, inondé des rayons du soleil, dans un extatique transport, il savoure une réalité qui surpasse ses rêves les plus beaux.

Non, aucune parole, aucune comparaison humaine ne peut exprimer le bonheur du peuple, à la vue de la liberté fruit de la science.

Donnons au pauvre peuple, mais surtout donnons

lui la science, car nous lui donnerons le bonheur. Ne la lui vendons pas, car pareille chose ne se vend point.

La science est un bienfait que Dieu a communiqué gratuitement aux uns, pour qu'ils le communiquent gratuitement aux autres.

Qu'est-ce que la science sinon ce qui mène à Dieu? Vend-on les moyens d'arriver à Dieu?

La science dit à l'homme quelle place il doit occuper dans la société et dans l'univers.

Qu'est-ce que l'homme? Un être contingent et borné, faible dans son corps, obscurci dans son intelligence.

Au-dessous de lui, au-dessus de lui, à côté de lui, s'ouvre un abîme infini où les mondes se succèdent les uns aux autres.

Et cependant, l'homme, créature imperceptible perdue dans l'univers, est un centre mystérieux où tout vient aboutir. Dans sa petitesse il contient et reflète le ciel et la terre, la création tout entière.

Oh science! science divine, science humaine, science de la nature, lève un coin du voile qui te couvre, et montre au peuple ta beauté, tes charmes ineffables. Qu'il te voie, et qu'avec toi il aille à Dieu et au bonheur.

La science d'ailleurs est le besoin de toutes les intelligences, et le monde entier est son objet.

Que ce monde soit visible ou invisible, il faut que notre œil y plonge. C'est en vain que les créatures

de Dieu, semblables à ces fantômes de la nuit, qu
fuient à mesure qu'on veut les approcher, c'est en
vain, dis-je, qu'elles évitent avec défiance notre œil
scrutateur; il les poursuivra dans leur fuite; il ira les
chercher à travers l'espace; il les saisira au passage,
et il leur demandera quels rapports elles soutiennent
avec le ciel, avec la terre, avec Dieu, avec tous les
éléments et avec lui-même. Elles ne lui déroberont
rien de ce qu'il lui importe de connaître. Il faut
qu'elles contribuent autant qu'il est en elles, à augmenter sa dose de bonheur. N'est-ce point pour lui
qu'elles ont été faites? Ne sont-elles point chacune
comme la corde d'un instrument harmonieux dont
les sons ravissants doivent charmer ses oreilles.

Faisons-donc pénétrer la science au sein des peuples, et qu'aucun membre de la grande société humaine n'en soit privé.

Soyons sans cesse auprès du pauvre, pour la lui
communiquer. Allons dans sa chaumière, et appre-
nons lui les moyens de rendre la terre la plus féconde;
disons-lui comment il guérira les maladies qui le dé-
solent, lui, sa famille et ses bestiaux, et enseignons
lui les moyens de les prévenir.

Qu'il n'ignore pas l'histoire et les vicissitudes du
lieu qu'il habite, de la patrie dont son bras est le soutien.

Parlons-lui des hommes vicieux de telle sorte qu'il
évite les déréglements de leur vie. Racontons lui les
belles actions, les actes de courage, de dévouement,

de piété filiale, pour relever sa nature en l'excitant à la vertu.

Qu'il sache quelque chose du mouvement des astres, de la régularité des saisons; qu'il connaisse les plantes utiles à ses besoins et qu'il foule aux pieds sans les connaître.

Initions le aux secrets des arts, aux ressources du commerce, et que surtout, il ne soit point étranger à la législation de son pays; qu'il y ait des écoles publiques où il puisse développer ses goûts et la part de génie que la providence lui a léguée.

De nos jours, on s'occupe beaucoup à perfectionner l'instruction des riches; à coup sûr, on a raison de le faire, mais n'y a-t-il point aussi ailleurs de sages et plus urgentes réformes à opérer, des abus criants à faire disparaître, et des établissements à fonder?

Avant tout, occupons-nous du pauvre, car c'est de lui que tout sort. Avant l'enseignement supérieur, plaçons l'enseignement élémentaire. La puissance de cet enseignement n'est point encore connue; quelques hommes seulement l'ont entrevue.

Qu'y a t-il en apparence de chétif et de misérable, comme cette chaumière où quelques enfants bégaient les premières syllabes d'une langue; où un maître souvent dévoué, mais toujours pauvre, enseigne avec une inébranlable patience ce qu'il y a de plus élémentaire dans les sciences? Et pourtant, savez-vous que si le nombre de ces chaumières est proportionné aux besoins de la France; si l'enfant du pauvre y trouve sa

part d'instruction comme l'enfant du riche; si à l'aide
d'un zèle louable on parvient à y rendre les leçons
attrayantes et le travail facile, de ces modestes demeures sortira l'espoir de la nation, que dis-je? l'espoir du monde. De là sortira la lumière qui éclaire le
simple village et le royaume tout entier, et elle gran-
dira jusqu'à ce qu'elle ait éclairé l'univers. Voyez-vous
cet arbre dont le riche et vert feuillage offre au voyageur un frais abri contre la chaleur des jours d'été,
qu'arriverait-il si l'on négligeait sa racine pour environner de soins l'extrémité de ses rameaux? il per-
drait bientôt l'éclat de sa beauté, et sa feuille jaunissante serait emportée par les vents.

Ainsi en est-il de la société : si toutes vos sollicitudes
dédaignent la base pour le sommet, la sève de la vie
abandonne non seulement la base, mais le sommet
lui-même, et elle arrive à une mort inévitable.

Cultivez, arrosez la racine, si vous voulez que le
sommet vous réjouisse par l'abondance de ses fruits.

On dira peut-être que la science est dangereuse;
que c'est l'arbre du bien et du mal; qu'elle enfle l'esprit et dessèche le cœur, et que c'est une arme meur-
trière, surtout entre les mains du peuple.

Si le cheval, ajoutera-t-on, connaissait sa force,
nous serait-il possible de le dompter et de le faire
servir à nos usages?

Ainsi raisonnent les sophistes et les despotes : ou-
bliant que le même Dieu nous a créés et que le même
Christ nous a rachetés, ils se croient d'une nature
supérieure à celle des autres hommes.

Dieu a fait le cheval pour l'homme, mais il n'a pas fait le pauvre pour le riche.

Le pauvre abusera de la science! mais le riche n'en abuse-t-il pas? n'abuse-t-il pas de ses richesses.

Moins porté que le riche à la domination, moins que lui, le pauvre abusera de la science.

Mais, ce n'est point là ce que l'on craint : on redoute une seule chose, c'est qu'il se prête avec moins de grâce, aux liens dont on lui serre les membres souffrants.

La science lui fera connaître ses droits, et on ne lui reconnaît que celui d'être esclave. On ne veut pas même lui permettre la plainte, elle troublerait les heureux du monde au sein de leur opulence. Du reste, jamais le peuple ne violera ses devoirs, si au travail et à la science il joint la charité, ce lien des âmes, cette source de la fraternité et de toutes les vertus sociales; si nous avons soin de lui faire bien comprendre que nous avons une âme immortelle; que nous devons la perfectionner ici-bas par la connaissance et par l'amour, et que nous devons la rendre digne du maître commun qui nous promet dans le ciel un complément à notre bonheur.

En recherchant la base du droit, nous avons reconnu qu'elle n'était autre que le besoin, et que tout besoin fondé sur la nature de l'homme enfantait un droit inaliénable.

Parmi nos besoins, il y en a qui réclament à chaque instant un aliment dont ils ne peuvent se passer, mais il n'en est point qui nous fassent sentir un aussi vif aiguillon que le besoin religieux. Il se manifeste par un élan continuel du cœur vers un objet inconnu : jusqu'à ce qu'il le possède, il se tourmente et s'agite en mille sens divers.

Je n'étais point hier, demain je ne serai plus; quelle est mon origine? quelle est ma fin? nous avons beau faire, nous demandons raison de ces choses à tout ce qui nous environne. Les sophistes peuvent venir à bout sinon de faire taire, au moins d'étouffer un peu cette voix intérieure, mais le peuple qui a le cœur droit ne s'y soustraira jamais. Elle lui procure une douce consolation au milieu des peines innombrables de la vie.

Que voulez-vous? quand la terre est pour lui comme une insensible marâtre, dans quelle lamentable détresse, il passerait ses jours infortunés, si la religion ne venait ranimer son courage avec le baume de l'espérance.

Le Dieu du riche est sur la terre : le Dieu du pauvre est au ciel.

Là où est le cœur de l'homme, là aussi est son trésor.

Enlever au riche ses palais, ses domaines, ses richesses; sans doute c'est un crime : c'est lui enlever son bonheur; mais ravir au pauvre le seul bien qu'il possède, le trésor que son œil plein de foi voit au ciel, que son cœur poursuit avec l'ardeur d'un désir brûlant, c'est un plus grand crime encore, c'est un forfait

5

qui n'a pas de nom. On remplace un bien passager par un bien passager : mais rien ici-bas ne peut remplacer Dieu.

Celui-là est donc bien coupable, qui vient à semer dans l'esprit du peuple avec la malice de Satan, la désolante doctrine du néant. Il ébranle le seul fondement sur lequel repose l'édifice de son bonheur.

Alors tout chancelle, tombe dans la poussière, et le cahos règne en maître sur les sombres ruines de la foi.

Quand tout lien entre cette vie et nos destinées d'au-delà du tombeau a disparu, l'homme moral périt tout entier ; il n'y a plus rien de sacré en ce monde ; les transactions n'offrent plus aucune garantie, les mœurs se dépravent ; l'égoïsme et la cupidité remplacent le désintéressement de la vertu. C'est en vain que les pouvoirs aux abois appellent à leur secours le bras de la force : la force comprime un instant, mais les éléments qui constituent cette force elle-même se dissolvent, et l'anarchie déploie sur le monde épouvanté le hideux étendard de la destruction.

XIII

Lorsque dans une famille un membre souffre, tous les autres sont dans la tristesse. On n'y voit point régner en même temps l'abondance et la misère, le bonheur et l'affliction, la douce joie et le noir souci ; là, tout est commun, les plaisirs et les peines de la vie.

La famille est un petit état qui a ses droits et ses obligations, mais c'est à peine si celui qui commande s'aperçoit qu'il a le droit de commander, et celui qui obéit, si c'est pour lui un devoir d'obéir. Le commandement et l'obéissance ne se laissent point voir ; ils sont cachés par les liens d'une tendre et réciproque amitié. D'un côté comme de l'autre, c'est le cœur qui est le mobile de toutes les actions.

La famille est un sanctuaire où l'on respire sans cesse l'agréable odeur de toutes les vertus : c'est là que la simplicité se laisse voir dans ce qu'elle a de plus touchant, et que l'âme se livre sans contrainte à ses plus doux épanchements. Comme on s'y repose avec bonheur, de la gêne inséparable de toutes ces sociétés où le langage est calculé, la démarche étudiée, et l'air si louche, si guindé et si faux ! Comme on se sent débarrassé d'une lourde atmosphère et d'un pesant fardeau ! Comme on est léger, à son aise ! C'est alors seulement que la vie vaut la peine qu'on s'y arrête un moment, et qu'on y fasse une courte halte. Qui ne donnerait bien de ces années que l'on passe au tumulte du monde, au milieu des plus bruyants plaisirs, pour quelques-uns de ces doux instants qui coulent si vite au sein de la famille ?

Il ne faut donc point se lasser de répéter aux hommes trop enclins à chercher le bonheur là où il n'est point : cessez de courir au loin après une félicité qui vous échappe ; c'est chez vous qu'elle habite. C'est un fruit qui mûrit à la douce chaleur du foyer domestique. Tendez-y la main, il se détachera facilement du rameau : portez-le à votre bouche, et vous éprouverez combien la saveur en est agréable.

Sans doute qu'en dehors de la famille, l'homme a des devoirs à remplir : il appartient à ses frères, et à la patrie, mais la famille est toujours le dernier but de ses travaux, la retraite où il vient jouir de la sécurité et de l'abondance que ses efforts ont procurés à tous. La famille est dans la patrie ; elle en est une portion. En défendant la patrie, il défend la famille : en portant secours à ses frères, à son tour il est secouru par eux. L'État n'étant que la réunion des familles, le bonheur de celles-ci est son propre bonheur.

Que les gouvernements et les sages, que tous ceux en un mot, qui ont à remplir auprès des hommes la noble mission d'agrandir le cercle de leurs jouissances, établissent et rappellent sans cesse les vrais rapports qui doivent exister entre les membres de ce petit état.

Là est le germe de tout bien, mais il ne faut point l'oublier, là aussi est le germe de tout mal.

Il faut environner le premier de soins intelligents, afin qu'il se développe, et produise des fruits abondants.

Mais il faut s'opposer au développement de l'autre : il faut le comprimer et l'anéantir autant que cela est possible.

Telle est notre malheureuse condition ici-bas, que nous ne pouvons jouir d'aucun bien sans être exposés à chaque instant à le perdre.

Il faut être sur ses gardes ; il faut veiller sans cesse.

Veillez au dehors, pour éloigner le triste cortège des dissentions qui déchirent les sociétés.

Lorsque vous êtes forcés d'assister aux débats que produisent les passions humaines, au moment de rentrer dans vos demeures, passez la main sur votre front pour en effacer de votre esprit les funestes traces; secouez la poussière de vos pieds, et rejetez de vos vêtements, les miasmes qui les souillent. Que rien de profane n'entre au séjour de la pureté et du bonheur.

Aussi, combien est grande la mission du père de famille! quel sublime sacerdoce la providence lui a confié!

C'est un sage gardien, dont la main vigilante sait repousser au loin les atteintes et l'apparence même du vice. Son œil suit avec un tendre intérêt dans le cœur de ses enfants, les premières impulsions vers ce qui est beau, juste et vrai. Il les aide en cette voie: il les guide, les éclaire, les encourage. Ainsi l'aigle enseigne à ses petits à prendre leur essor dans les plaines de l'air.

Arrêter les mauvais instincts, seconder les passions généreuses, faire qu'ils ne reçoivent de la société et de l'expérience que ce qui mène à la vertu, et fortifie le cœur; voilà sa tâche, tâche glorieuse qu'il doit s'efforcer de remplir, s'il veut répondre à la confiance que Dieu lui a témoignée en l'honorant de la qualité, du titre et des fonctions de père.

La vie est courte; la tombe est bien près du berceau; pourtant, nous ne redoutons rien comme la fin de notre existence terrestre. Eh bien! la famille est une espèce de compensation à cette destinée de l'homme sur la terre: il se continue dans ses descendants.

C'est pourquoi, celui qui ne se laisse point aller

aux coupables entraînements d'une nature dégradée, est inquiet pour l'avenir de ses enfants et de sa postérité la plus éloignée, comme s'il devait être là pour recueillir lui-même dans une vieillesse sans terme, le fruit de ses travaux et de ses veilles. Pour éloigner des siens le hideux fantôme de la misère, il n'est point de fardeau qu'il ne porte gaîment, de sacrifice, si pénible qu'il soit, auquel il ne s'astreigne volontiers. Il s'oublie lui-même pour ne penser qu'à eux.

Ce dévouement est si grand, qu'il n'est pas rare de voir des pères de famille, pour remplir jusqu'au bout leur noble tâche, ruiner leur santé et mourir avant leur jour. Y a-t-il ici-bas une récompense assez grande pour couronner tant de pénibles efforts et de généreuse abnégation? Comprendre ainsi sa mission de père, c'est avoir droit de la part de ses enfants à un amour sans bornes, de la part de ses frères à une juste admiration, et de la part de l'état à une vive reconnaissance. Si Dieu récompense avec largesse la main qui donne un verre d'eau au pauvre altéré de soif, quelle brillante auréole de gloire ne réserve-t-il pas à tant de vertu?

Mais de quel nom qualifier cette dure insensibilité de certains hommes, qui ont oublié ou peut-être n'ont jamais su, ce que c'est que le titre sacré de père, et quels augustes devoirs il impose? Froids égoïstes, ou prodigues débauchés, ils laissent sur le grabat de la misère, pauvres, nues, exposées aux souffrances de la faim et de la soif, aux rigueurs d'une saison glacée, d'innocentes petites créatures qui tendent les bras pour demander des vêtements et un peu de pain, et leur mère délaissée ne peut leur répondre que par ses pleurs ! Pour l'honneur du genre humain, le nombre de ces hommes est fort restreint : tout ce qu'on en peut faire, c'est de les mettre au ban de l'humanité. Descendus au-dessous des êtres sans raison, privés de ce flambeau qui éclaire tout homme venant en ce monde, il n'est pas impossible, mais il est difficile de faire revivre en eux l'image de Dieu qu'ils ont détruite. Ne nous arrêtons point à ces tristes exceptions : continuons de reposer nos regards sur cette petite société dont le père est la providence visible.

Lorsqu'il arrive des années de stérilité qui dévorent en un instant les fruits de ses longs travaux, et qu'une famille éplorée lui demande en vain la nourriture de chaque jour, combien poignante alors est sa douleur ! Combien mortelle est son angoisse !

C'est alors que commencent pour les gouvernements qui ont accepté la rude mission de diriger les hommes, les devoirs les plus impérieux. Ils doivent rappeler aux enfants d'une même patrie, qu'ils sont solidaires les uns des autres : ce n'est point pour un autre but que les sociétés ont été établies. Il est rare qu'un état ne réunisse point assez de ressources pour défendre chacun de ses membres contre les coups de l'infortune ; mais il faut à ceux qui sont au pouvoir des entrailles de père : les douleurs du peuple doivent être leurs propres douleurs.

Comment agissent-ils, quand ils veulent améliorer le pays, créer des sources de richesses par l'établissement des routes, des canaux? Le civiliser en élevant des monuments publics, en protégeant les arts, en répandant les lumières? Ils prélèvent sur chaque citoyen un impôt qui est affecté à ces divers usages. Pourquoi donc, pour empêcher le pauvre de mourir de faim, ne prélèvent-ils pas sur les masses un impôt bien autrement nécessaire, puisqu'il y va de la vie de celui dont la patrie elle-même tire toute sa prospérité! Que le soin qu'ils mettent à rechercher le produit des terres et des industries privées, ne leur fasse point oublier un autre soin, celui de s'enquérir des privations et des douleurs pour y apporter un prompt remède. Je voudrais que de même qu'on est infatigable pour découvrir et châtier un méfait, on le fût aussi pour découvrir la pauvreté et verser l'aumône au sein de l'indigence.

Le père de famille ne reçoit point de l'état un bien égal au bien qu'il lui donne; l'équilibre est rompu à son détriment, et la loi sacrée de la solidarité est détruite. C'est un désordre que le législateur sage devrait se hâter de faire disparaître au plutôt.

En même temps que le fils défend de sa vaillance la patrie en danger, n'est-il point juste que cette patrie reconnaissante donne à son vieux père les secours qui lui sont nécessaires, afin qu'il ne soit point poussé vers la tombe, par l'impitoyable main de la misère?...

XIV

Dans un village obscur bâti sur les bords de l'Océan, un vieillard habitait une pauvre chaumière. Environné d'une nombreuse famille, gage précieux des bénédictions du ciel, ses jours s'écoulaient en paix dans la crainte de Dieu et l'amour de la sagesse.

Il était aimé de ses voisins, chéri de sa femme, adoré de ses enfants.

Il méritait bien son bonheur.

Lorsque la tempête agitait la mer jusque dans ses fondements, et poussait sur la côte ses vagues écumantes, on le voyait inquiet, errant sur la rive, prêt à sauter dans une frêle barque au moindre cri de détresse.

Combien de malheureux naufragés avaient été arrachés par son dévouement à une mort certaine ! combien avaient été recueillis sur la plage transis de froid, et réchauffés sous son toit hospitalier !

Mais Dieu se plaît à éprouver la vertu de ceux qu'il aime.

Une affreuse maladie désola le pays: il se vit enlever trois filles dont la pudeur et la beauté faisaient l'ornement de la maison, et trois fils dont les travaux procuraient à toute la famille une frugale abondance. Leur mère ne put survivre à sa douleur: bientôt elle alla les rejoindre au ciel.

Deux enfants restaient au vieillard: résigné aux mystérieux décrets de la providence, il avait concentré en eux toutes ses affections.

L'un était à l'entrée de la vie; l'autre à cet âge où l'homme se suffit à lui-même, et commence à payer de retour ceux dont il tient l'existence. Il était le seul espoir de sa vieillesse infirme.

Tous les jours le vieillard adressait à Dieu cette prière: Seigneur, il en est qui vous demandent des palais et des trésors, je ne vous demande rien de tout cela, écoutez les paroles d'un vieillard :

Seigneur, je ne vous demande qu'une chose: conservez-moi mon fils; qu'il soit le soutien et la consolation de ma vieillesse, et qu'il serve de père à cet enfant au berceau.

Il avait des frères et des sœurs, et vous nous les avez ravis; que votre saint nom soit béni!

Il avait une mère, et cette mère c'était mon épouse, et vous l'avez aussi rappelée à vous: que votre saint nom soit encore béni! mais, Seigneur, je vous en supplie, laissez-moi mon fils: ayez pitié de ma vieillesse.

Un jour que le vieillard venait d'adresser à Dieu cette prière, son fils revint plutôt que de coutume. Il alla s'asseoir à l'un des angles du foyer, appuya le coude au mur noirci, et soutenant de la main son front appesanti par la douleur, il ne laissait échapper aucune parole.

Et le vieillard était là, et jetant un triste regard sur son enfant: tu souffres, mon fils, lui dit-il, et il ne répondit rien.

Tu ne me réponds pas! est-ce que le malheur ne serait point encore las de me poursuivre? Tu souffres, et tu n'oses me dire le sujet de tes peines!

Et le fils se jeta dans les bras de son père, le conjurant de lui laisser quelque temps son fatal secret.

Il fallut céder aux prières du vieillard.

Ils s'assirent ensemble auprès de l'âtre, et le jeune homme parla ainsi:

Honneur au brave qui va défendre sa patrie contre l'oppression de l'étranger! malheur au lâche qui prend la fuite, et refuse à son pays le secours de son bras! mais aussi, malheur, et mille fois malheur à celui qui délaisse dans la pauvreté, le vieillard qui a consumé sa vie pour lui !

Ces paroles furent comprises du vieillard; il leva les yeux, poussa un profond soupir, prit la main de son fils qu'il baigna de ses larmes, et il laissa échapper ces paroles : tu te dois mon fils à la patrie; il est beau de combattre pour la gloire et pour la liberté. Et moi aussi, j'ai affronté le feu des batailles; je n'ai jamais reculé devant l'ennemi. Au jour du danger, au moment de la défaillance, rappelle-toi ces cicatrices.

Et en disant ces paroles, il lui montrait sur sa poitrine les traces de nobles blessures.

Puis il ajouta : n'oublie point, si Dieu t'accorde la grâce du retour, ce que je vais te dire :

Tu te rendras de suite au champ du repos: à côté de tes frères et de tes sœurs, à droite de ta mère, tu trouveras une tombe recouverte d'une croix de bois. Là tu iras rendre à ton père les derniers devoirs de la piété filiale : et si Dieu n'est point sourd à ma prière, à côté de ma tombe tu verras la tombe de cet enfant.

. . . .

. . . .

Un an après, on porta un vieillard et un enfant en terre.

Le même jour, on inscrivit sur le registre de la commune le décès d'un jeune homme mort dans un combat meurtrier sur le sol de la brûlante Afrique.

XV

On n'établira jamais l'égalité parmi les hommes,
mais, nous l'avons déjà dit, il pourrait y avoir un ordre plus équitable dans la répartition des travaux et
des jouissances. La nature nous enseigne elle-même
la règle à suivre à cet égard : pourquoi n'écouterions
nous point sa voix ?

Comme nous ne pouvons subvenir à tous nos besoins, nous trouvons dans nos frères de quoi suppléer
à ce qui nous manque.

Comme les apôtres du Christ avaient reçu de leur
maître des faveurs différentes : celui-ci le don des mi-
racles, celui-là le don de prophétie ; l'un le don des
langues, l'autre celui de la sagesse ; de même les
hommes sont doués d'aptitudes propres à chacun.

Ce que l'un a de trop dans le produit du talent qui le distingue, il le répand au sein de la société ; mais en même temps, cette société doit lui donner en échange ce qui lui manque, et qui résulte d'aptitudes qu'il n'a pas, ou qu'il ne peut mettre en activité.

Le laboureur retournera péniblement son champ ; il y déposera un germe précieux qui fructifiera au centuple : il recueillera une abondante moisson et donnera à ses frères le pain qui soutient les forces ; mais il recevra d'eux le vin qui égaie le cœur, le sel sans lequel les aliments n'ont point de saveur, le lin, le chanvre, les riches toisons, que des mains habiles tissent et façonnent à son usage, une habitation agréable et commode. Pour le chauffer, lui et sa famille, et cuire ses aliments, le bûcheron abattra les arbres de la forêt, ou bien d'infatigables ouvriers descendront jusque dans les entrailles de la terre.

Ce n'est point tout : il recevra en outre la science des choses d'ici-bas et des choses du ciel ; en un mot, on pourvoira aux besoins de son âme et à ceux de son corps.

Quiconque distribue à ses frères une seule goutte de ce ruisseau qui donne la vie à l'homme, a droit à le partager tout entier avec eux.

Celui qui, le pouvant, ne contribuerait point pour sa mise au capital de la société, il est bien entendu qu'il n'a point droit à en recueillir les avantages. Prendre sans cesse sur le produit du travail des autres, sans y apporter le contingent de son travail propre, c'est ressembler à ces plantes paresseuses, qui ne se donnent point la peine de choisir dans le sol, et d'élaborer le suc qui leur convient ; mais qui préfèrent ravir à d'autres, une nourriture toute préparée.

Ne se passe-t-il rien de semblable dans le monde?

Une multitude infinie de malheureux fait jaillir du sein de la terre au prix des plus grands efforts, le fleuve de l'abondance, et penchée sur ses bords, le front ruisselant de sueur, la gorge desséchée, la poitrine haletante, il ne lui est point permis d'en approcher ses lèvres avides, tandis que des hommes oisifs, heureux indolents, s'en attribuent la jouissance exclusive. Comment trouver des paroles assez fortes pour exprimer et flétrir cette double injustice?

Il suffit de jeter un coup d'œil sur le mouvement qui agite tous les peuples de la terre, pour qu'il soit permis d'espérer la fin de tant de maux. Livrons-nous à la consolante idée que les conditions humaines se rapprocheront au grand jour de la civilisation, dont la brillante lumière commence à luire sur tous les points du globe.

Deux vieilles rivales dont la réconciliation n'a jamais été qu'un armistice de quelques heures, ont donné le signal, et ce signal comme un éclair rapide a sillonné l'épais nuage qui environne le monde. Un bruit sourd comme celui d'un lointain orage a réveillé les peuples endormis. Attentifs au progrès de la tempête, une grande crainte les a saisis, mais cette crainte est accompagnée d'une ineffable espérance.

Vous avez vu des jours où le soleil comme un foyer embrasé, envoie sur la terre des rayons qui brûlent et dessèchent ; pas une goutte d'eau pour étancher la soif, pas un souffle léger pour rafraîchir les poumons épuisés.

Tout souffre dans la nature : les troupeaux des champs engourdis font entendre des cris plaintifs ; les insectes rassemblent leurs troupes bourdonnantes ; l'homme abattu quitte ses travaux... Bientôt le ciel se voile... il s'enflamme. Alors, aussi l'homme craint, mais en même temps il espère. En effet, la foudre ne tarde point à éclater. Une pluie salutaire inonde le sol, l'air se rassérénit, et combien il est doux après le bruit de la tempête, le ravage de la foudre, de respirer le long du ruisseau une brise suave et pleine de vie !

Ainsi en sera-t-il du monde : le nuage qui le couvre encore, commence à s'illuminer de toutes parts. La foudre au loin fait entendre un sombre murmure : arrivera le moment décisif, celui de la tempête, de l'ouragan dévastateur. Heureux qui survivra à ses ravages ! il savourera tout à son aise des délices inconnues à ses devanciers.

Et ce ne sont point là de hasardeuses conjectures.

Rome, cette vieille pepinière de héros, a élevé sa voix solennelle : elle s'est assez reposée de son sommeil séculaire ; elle a lu sur les murs disjoints de son ancienne gloire ces mots : valeur, liberté, patrie.

La péninsule Ibérique s'agite dans un enfantement douloureux. Elle se consume, mais elle ne périt point. Rien ne diminue son enthousiasme guerrier : elle porte dans son sein un peuple nouveau.

L'Allemagne plonge son esprit méditatif dans les mystères les plus profonds de la nature. Là elle doit trouver le moule dans lequel doivent être fondues les institutions humaines si elles aspirent à quelque chance de durée. Dans son impétueux essor, elle veut sonder la profondeur même de la divinité.

Elle n'ignore point qu'elle est la mère de ces colonies de braves qui, loin d'elle, sont arrivées à un si haut dégré de liberté et de gloire, et elle rougit d'être restée en arrière.

La Scandinavie s'ébranle : on croirait que de nouveaux barbares vont quitter les bords de la Baltique et planter leurs tentes sous un autre ciel. Christiana, Stockholm, Copenhague délibèrent : attendons.

Et ce colosse du Nord, cette immobile colonne, cette barrière que la liberté semble ne pouvoir franchir de sitôt ! Son iniquité sera bientôt arrivée à son terme.

Confondu dans le même jugement que la coupable maison de Habsbourg, le tigre moscovite paiera cher l'extinction temporaire d'un grand peuple.

A Athènes, à Constantinople, à Alexandrie, on a ressenti le contre-coup de la commotion de l'Occident.

Nulle part nos idées ne s'arrêtent : elles vont porter leur influence réparatrice, jusqu'au fond de cet empire éloigné, qui avait fait le serment insensé de n'avoir aucun commerce avec les peuples chrétiens.

Si maintenant nous jetons au-delà de l'Océan des regards attentifs, là nous verrons de ces spectacles dont jamais notre vieux monde n'a été le témoin. La civilisation parmi nous, repose sur des fondements péniblement posés par la main des siècles, au prix d'incomparables labeurs, d'efforts inouïs, et de flots de sang. Oh! qu'elle doit être précieuse à notre cœur, puisqu'elle a tant coûté à nos pères et à nos frères malheureux! comme nous devrions à leurs travaux joindre nos travaux, à leurs sacrifices nos sacrifices, pour la léguer à nos descendants, non telle que nous l'avons reçue, mais enrichie de nos propres dons!

Rien de pareil ne s'est passé dans le monde transatlantique. Sans doute avant d'y étendre son règne pacifique, la liberté a trouvé d'innombrables obstacles, livré de sanglants combats, mais elle s'y est acclimatée avec une prodigieuse rapidité. Ce dut être pour une nation sauvage, une singulière visite que celle des peuples européens!

Il n'y eut presque point d'époque de transition.

Les autres nations, on les suit du berceau à l'âge mûr. Ici rien de pareil: du berceau vous passez de suite à l'âge de lumière et de force.

C'est ainsi que dans les couches terrestres, on en voit qui se brisent tout-à-coup sans y avoir préparé l'œil.

Il y a peu d'années, l'Amérique entière était un pays sauvage; la créature raisonnable se trouvait dans la condition de la brute. Au simple contact de nos idées civilisatrices, et en un instant rapide comme la flèche, un grand nombre de ses enfants sont arrivés à un état de grandeur et de liberté, inconnu à Rome au temps de ses consuls.

C'est là surtout que le progrès et la reconnaissance des droits de l'homme sont à l'ordre du jour. Un instinct auguste et fier guide et domine ces enfants des antiques forêts. Ils veulent les fruits de vie de la civilisation, et rejettent avec dédain les entraves issues de l'amour du pouvoir. Plutôt que de subir la rigueur d'un despotisme jaloux, ils aimeraient mieux dire un adieu éternel au commerce, aux sciences, aux arts, aux cités opulentes, et reprendre au bord des ruisseaux et sur les montagnes désertes, leur vie errante et aventureuse. Au moins ils seraient libres, et ils comprennent que la liberté est le premier besoin de l'homme. Quand une fois il en a goûté le fruit délicieux, il ne peut plus en être sevré : il faut qu'elle soit son pain quotidien.

La liberté n'est pas seulement fille de la civilisation moderne, elle est surtout basée sur la nature de l'homme. Chez les peuples sauvages elle est réclamée à titre d'instinct, et chez les peuples civilisés, à titre d'instinct et de droit. Aujourd'hui ce n'est plus la liberté du sauvage que réclament tant de peuples nouveaux; instruits par une rapide expérience, ils ont compris que la douceur de la liberté peut s'allier à la civilisation et aux progrès de la société humaine, et c'est pourquoi, ils mettent tout en œuvre pour joindre ensemble par d'indissolubles liens cette liberté et cette civilisation.

Pendant long-temps, sous l'apparence d'une tendre commisération, mais en réalité pour les soumettre à une injuste domination, on a feint de veiller sur eux et d'exercer à leur égard une obséquieuse tutelle; mais ils n'ont plus besoin de la sollicitude hypocrite et intéressée des puissances de l'Europe. Toutefois, ils doivent se garder de l'ingratitude, et se rappeler que le flambeau qui brille chez eux d'un si vif éclat, a été allumé au milieu de nous.

Avec quel empressement ils ont reçu le feu sacré pris sur l'autel du vieux monde, et porté au milieu d'eux par le sublime Colomb! non seulement ils n'en ont laissé aucune étincelle s'éteindre, mais ils lui ont donné un nouvel éclat. Améliorer la nature humaine, développer ses plus nobles instincts, faire servir à leurs usages les nobles inventions du génie, c'est chez eux une passion, une fièvre, un délire. La population est encore restreinte, mais qui peut dire l'enthousiasme qui la dévore, quand son œil plane sur ces immenses contrées qui s'étendent de l'une à l'autre mer? Son rêve, voulez-vous le connaître? le voici: elle veut étendre le domaine de l'homme. Elle voit sur les bords de ses fleuves géants des cités populeuses... elle voit des nations immenses sortir de son sein, se répandre dans les plaines, défricher les forêts, gravir les montagnes pour leur enlever les précieux métaux qu'elles recèlent... elle voit des moissons abondantes remplacer la solitude et l'aridité des déserts. Ah! espérons... ce beau rêve se réalisera: de hautes destinées sont réservées à tant de régions encore vierges.

Aussi de toutes parts vous rencontrez d'avides colons qui, attirés par la réputation de ces terres promises, y conduisent leurs bestiaux et leur jeune famille. Là ils vont renouveler la vie des âges primitifs.

Contrairement à ce qui se passe en Europe, où l'on tremble de voir la providence bénir et féconder la couche nuptiale, vous allez voir là ce que c'est que la famille.

Le père est environné d'une multitude d'enfants, comme l'olivier de ses rejetons. Plus la famille est nombreuse, et plus l'allégresse est vive au cœur maternel.

Dans notre patrie, combien de malheureuses femmes ont le cœur serré de douleur le jour où un fils leur est né! pauvres femmes! faut-il, qu'au lieu que les angoisses de l'enfantement soient payées par les douceurs de la maternité, elles soient accompagnées de cette triste pensée : mon enfant misérable, condamné à un dur travail ne me maudira-t-il point de lui avoir donné le jour?

Heureuse terre, contrée bénie du ciel, tu vas remettre la famille dans l'ordre établi par la nature! tu recevras avec joie et bonheur les nouveaux nés de tes enfants, et en les recevant, il y aura sur tes lèvres un sourire d'un charme ineffable, car tes mamelles sont remplies d'un lait délicieux et abondant, qui peut suffire à ceux de la veille, à ceux du jour et à ceux du lendemain.

. . . .

On le voit, le monde entier marche vers de grandes

et nobles destinées. Tous les hommes tendent à se partager d'une manière moins exclusive et moins inégale les biens de la terre.

Nous avancerons toujours, n'en déplaise aux pâles descendants d'un régime mort et descendu au tombeau d'où il ne sortira jamais : nous avancerons toujours vers une répartition des richesses, plus juste et plus conforme à la nature.

Il n'y a point encore un siècle, que se passait-il dans notre patrie?

Dans chaque hameau il y avait un propriétaire altier, un maître sans entrailles, à qui la montagne et la plaine, le ruisseau et le fleuve appartenaient. Autour de lui, confondue avec les chevaux et les bœufs dont elle partageait les travaux, une multitude affamée et craintive de serviteurs, traînait une existence précaire et malheureuse; elle n'avait aucun droit personnel, civil et politique.

Aujourd'hui, gravissez la montagne à laquelle s'adosse le village. De là que vos yeux parcourent les champs qui l'environnent. Y a-t-il quelque chose de beau, de varié, de consolant comme le spectacle qui frappe vos regards? Est-ce qu'à leur surface vous ne lisez point que l'homme a reconquis sa liberté? Est-ce que les innombrables divisions des terres, où croissent en même temps les productions les plus diverses, ne proclament point le triomphe du grand nombre sur le despotisme, du droit sur le privilège?

Auparavant les ronces et les épines couvraient une partie du sol; combien de terres fertiles ignoraient les effets salutaires d'une bienfaisante culture? Ce n'était de toutes parts que landes, plaines stériles, marais dangereux ; maintenant c'est un riche tapis aux couleurs variées.

Les broussailles ont disparu : le ruisseau est rentré dans son lit.

Là, où l'on ne respirait que l'odeur malsaine d'un marais couvert de joncs, le vent agite de sa molle haleine la moisson jaunissante, et ondule gracieusement à la surface des épis que leur poids incline vers la terre.

Est-ce à dire que tout soit fait? Nullement.

Il y a quelque rapport entre le bonheur terrestre et celui du ciel: quelque grand qu'il soit, il y a toujours moyen de l'augmenter.

FIN.

TABLE DES MATIÈRES.

ERRATA.

—

Page 10, ligne 24, garotté, lisez *garrotté*.
Page 14, ligne 18, raffraîchissent, lisez *rafraîchissent*.
Page 56, ligne 17, empreigner, lisez *imprégner*.
Page 72, ligne 18, qu'elle, lisez *qu'elles*.
Page 90, ligne 27,ého, lisez *écho*.
Page 100, ligne 29, procurés, lisez *procurées*.